村田守弘

Tax Literacy

ストーリーでわかる
グローバルビジネス・
スキル

中央経済社

登場人物

柴《しば》田《た》　一《いっ》輝《き》

昭和55年生まれ。現在40歳。
法学部卒業、ただし、法学部卒より水泳部卒業のほうが相応しい。
学生時代、軽い気持ちで挑戦した簿記の勉強に挫折した経験あり。
大学卒業時は就職氷河期。一流企業の営業部門の課長（営業第三課）。順調に昇進中。

長《なが》尾《お》　舞《まい》

柴田の同窓生、自他共に認める才媛。
学生時代に公認会計士試験に合格、大手監査法人に十年勤めてから一般企業に転職。
長尾の就職した会社は最近、上場を果たした。
現在、就職した会社の執行役員ＣＦＯ（女性の執行役員は長尾一人）。

北大路《きたおおじ》　丈太郎《じょうたろう》

柴田の同窓生で、柴田と同じ年に同じ会社に就職。部署も同じ営業第三課。経済学部出身で、ガリ勉ではないが不思議と大学での成績は良かった。入社後は柴田のライバル。上昇志向が強く、成功するためには手段を選ばない。

杜《もり》　祐祠《ひろし》

公認会計士・税理士。大手監査法人、税理士法人勤務を経て定年退職。長尾の元上司。30代前半の時、大手監査法人からニューヨークに派遣される。7年にわたる駐在の後、帰任。帰任後しばらく監査法人に勤め（この頃長尾が部下となる）、その後大手税理士法人に移動し、国際税務の第一人者として活躍。柴田・北大路とは長尾を通して知り合う。

はしがき

私は１９８０年代前半、ある外資系大手会計事務所のニューヨーク事務所に駐在していました。当時は日本企業の米国進出ラッシュで、幸運にもニューヨーク駐在中多くの日本企業の方々と知り合うことができました。米国での経験、そこで作ることができた人脈に助けられ、私の人生は、自分の描いた人生設計図どおりの右肩上がりになっていました。しかし、その後バブルがはじけました。「人生はそう甘くなかった」です。

ニューヨーク駐在の前に生まれた私の子供たちは、大人になった時日本のバブルがはじけ、就職氷河期に突入していました。彼らの年代は大学を卒業した時から「人生はそう甘くなかった」です。この世代の人々が今の日本を支えている中堅社員の方々です。私はこの世代の方々は、氷河期世代の後に来るゆとり世代、仕事よりもプライベートを優先する傾向のある世代とは異なり、親の世代の「頑張るぞ！」という価値観を捨てきれない世代であると考えています。

本書は、既に企業の中核を担っているそうした氷河期世代のみなさまに読んでいただきたいです。

氷河期世代は、社会情勢の影響で仕事に恵まれなかった人が非常に多いため、経済的に厳しい環境に置かれた期間が非常に長いことから、仕事に真面目に取り組む人が多いと言われています。氷河期世代が中堅社員になると、真面目さゆえの弊害が生じてきます。

多少の不満はあっても「あきらめ」が先行します。あるいは、「自分がやってきたことを生かしたい」とか「いまさら新しいことはできない」という思い込みやこだわりから離れられなくなり、自分の選択肢を狭めてしまいます。

「会社は国際化しているのに、俺は国際化していない！」
「私は文学部出身で、簿記とか会計の話はダメ！」
「ROEという言葉は知っているけど、中身はわからない」

このあきらめがあなたの将来の選択肢を狭めているのです。

しかし、海外経験がなくても、グローバルに活躍できるビジネスマンになれます。

大事なことは、コミュニケーション能力です。

「俺は英語が流暢に話せない。だからグローバルに活躍できるビジネスマンになれない」このあきらめがあなたの将来の選択肢を狭めているのです。英語を流暢に話せるようになる必要はありません。大事なことは、どこに行ってもレストランで注文できる程度の現地語が話せることです。そのための努力は必要だということです。片言でも現地の人と会話できる能力を私はコミュニケーション能力と考えます。

なお、現地の食事ができる胃袋を持つことは重要です。海外出張しても日本食のレストランに入り浸りの人はダメです。強靭な胃袋を持つことが望ましいです。

この本は国際税務を手掛かりにしてあなたのビジネススキルに対する気付きを高める本と考えています。ですから、国際税務の解説本と考えてほしくはありません。

本書のストーリーに登場する人物は、氷河期世代の3名の中堅社員と大手税理士法人を定年退職したご隠居さんです。そして、3名の中堅社員は将来、会社の取締役になることを目標としていますが、3名のキャラクターは三人三様です。彼らの会社での思考と行動から、読者のみなさまのビジネススキルに対する気付きが得られ、これからの活躍の一助になりましたら、著者としてこれ以上の喜びはありません。

また、それぞれのストーリーの専門的解説を各話ごとに付けています。必要に応じて解説を読むこともお勧めします。

最後に、本書の出版にあたり大変お世話になりました税務編集部の牲川健志さんに深く感謝いたします。

令和2年6月

村田　守弘

目次

第1話　簿記を知らなくても税法は理解できる

できる税務コンサルタントは簿記を知らなかった

簿記がわからない柴田

柴田一輝は昭和55年の生まれだ。大学卒業時は就職氷河期だったが運よく一流企業に就職することができた。現在は営業部門の課長である。ここまで順調に昇進してきたが、これから部長、執行役員、取締役の階段を順調に上がれるかどうか一抹の不安が柴田にはある。

その不安は大学時代でのトラウマが影響していると柴田は感じている。

そのトラウマとは安易に習得できると考えていた簿記3級の受験に失敗したことだ。「就職に有利になるだろうから、日商簿記3級の試験でも受けようか」と考え日商簿記3級の参考書を購入し、独学で勉強し始めたが簿記の原理を理解できなかった。

そのつまずきが原因となって簿記、会計、税務に対する関心は全くなくなってしまった。就職後、営業部門を希望したのも簿記、会計、税務に関わりたくないとの一心からだった。

その柴田に、最近、新たな憂鬱が加わった。会社が「ROE10%」を経営目標にしたことである。最近の人事考課で柴田は、自分が所属する営業第3課の部門別ROEがマイナスになっているとの指摘を受けた。寝耳に水の話で柴田は戸惑った。**ROEがマイナス（🔑1）**ということは、部門別税引後利益が赤字であるということも、人事担当者は言っていた。

税引前利益は黒字であると確信しているが、何故、税引後利益が赤字になるのか——。柴田は皆目見当がつかない。が、税の仕組みを理解しないと自分の将来はないということはわかった。しかし、簿記を理解していない自分が、税金の仕組みを理解できるのだろうか？

柴田には、公認会計士の大学の同窓生がいる。長尾舞だ。現在は一般企業に勤めているが、長尾は以前、大手監査法人に10年間勤めていた。長尾は、監査法人時代に上司の杜祐祠を柴田に紹介してくれたことがあった。

「杜は公認会計士・税理士で、国際税務の第一人者」

長尾はそう言った。杜自身は、話しやすい雰囲気の人であった。

柴田は、その時の杜が、仕事で税について困ったことがあれば、いつでも相談に乗ると言ってくれたのを思い出した。大手監査法人のニューヨーク駐在7年の後、杜は以前の大手監査法人から税理士法人へ移動し、昨年定年退職したということも柴田は長尾から聞いた。

杜先生に相談してみよう。柴田は杜に会う約束を取り付けた。

簿記を理解していなくても税の仕組みは理解できる

杜先生、自分は簿記の試験に落ちたことがトラウマなんですが、税の仕組みを理解するためには、やはり、簿記をわかっていないとダメですか？

柴田さん、人は何らかのトラウマを抱えています。トラウマと対峙するのではなく、トラウマを避ける知恵を働かすことを考えるとよいですよ。

私はニューヨークにある外資系会計事務所の本部に7年間駐在していたことがあります。その時の話をしましょう。そこで働いていてビックリしたことなんですが簿記を知らない税務コンサルタントがかなりいました。ところが、彼らは優秀な税務コンサルタントとして事務所内でも優遇されていました。

当時の米国の会計事務所は税理士のメンバーが中心の税務申告書作成チームと弁護士が中心の税務アドバイスチームとで構成されていましたが税務アドバイスチームの弁護士のメンバーは税法を読むことで税金の仕組みを理解していました。

柴田さんも税法を読むことで税の仕組みを知ることができますよ。なお、その時、たくさんの条文を覚える必要はありませんよ。

どれくらいの条文を覚える必要がありますか？

敢えて言えば、一つの条文の意味をしっかり理解すれば税の仕組みを理解できます。

一つの条文？

はい。それは**法人税法22条（各事業年度の所得の金額の計算）**（**2**）です。この条文の意味をしっかり理解すれば税の仕組みはわかります。

簿記では借方、貸方の仕訳を覚える必要がありますが、税の仕組みを理解するのにそうした仕訳を覚える必要はありません。つまり、税法は簿記を知らなくても理解できるのです。

1 「ROE※がマイナス」とはどういうこと？

何故、柴田さんの営業第3課のROEはマイナスだったのでしょうか？

営業第3課の損益計算書は左記のとおりでした。

この営業第3課の損益計算書から見えてくる問題は、**税金の額が異常に大きいことです。**

※　ROEとはReturn On Equityの略称で、自己資本利益率と和訳されます。ROEは企業の自己資本（株主資本）に対する当期純利益の割合です。計算式はROE＝当期純利益÷自己資本となります。法人税を差し引いた後の金額がマイナスになる当期純損失を計上するとROEはマイナスになります。

	億円
売上	10
売上原価	△8.5
売上総利益	1.5
販管費	△ 1
税引前利益	0.5
税金	**△0.6**
税引後損失	△0.1

右図のとおり税金は0.6億円です。では、営業第3課で生じた、この税金0.6億円はどのように導かれたものでしょうか?

まず、益金（益金、損金、所得については**2参照**）の計算をします。部門別損益計算書を検討した結果、売上に税法が求める「別段の定め（税法と会計の取扱いの違いを調整する取扱い）」の調整がありませんでしたので、益金は10億円になります。

次に損金の計算をします。売上原価8.5億円＋販管費1億円の合計9.5億円が費用計上されています。しかし、その費用の中に交際費が1億円含まれていました。

ここで柴田さんの会社のような大企業の**交際費は損金算入できません**（「租税特別措置法」という法律に規定されています（同法61条の4）が、ここではその詳しい解説はしません。大企業の交際費は損金にならないとだけご理解頂ければ十分です）。税法が求める「別段の定め（税法と会計の取扱いの違いを調整する取扱い）」の調整が必要となります。具体的には、9.5億円の費用が全部損金となるのではなく、交際費の1億円を控除した8.5億円が損金となります。

（課税）所得の計算は益金10億円から損金8.5億円を差し引いた1.5億円になります。

法人税率を40％とすると税金は1.5億円×40％で0.6億円となります。その結果、税引前利益は0.5億円ありましたが税金の額0.6億円を差し引くと税引き後の損益は損失となり、ROEがマイナスになったのです。

聞くところによると、柴田さんはゴルフ接待や、夜も接待中心の営業活動をたくさん行っていました。このような営業活動は多額の交際費が発生するため、こうした費用が税務コストとなりＲＯＥを下げたのです。

日本の会社は「働き方改革」だけでなく、営業の仕方を変更することも必要となっています。

図表１－１　ROEがマイナスとは

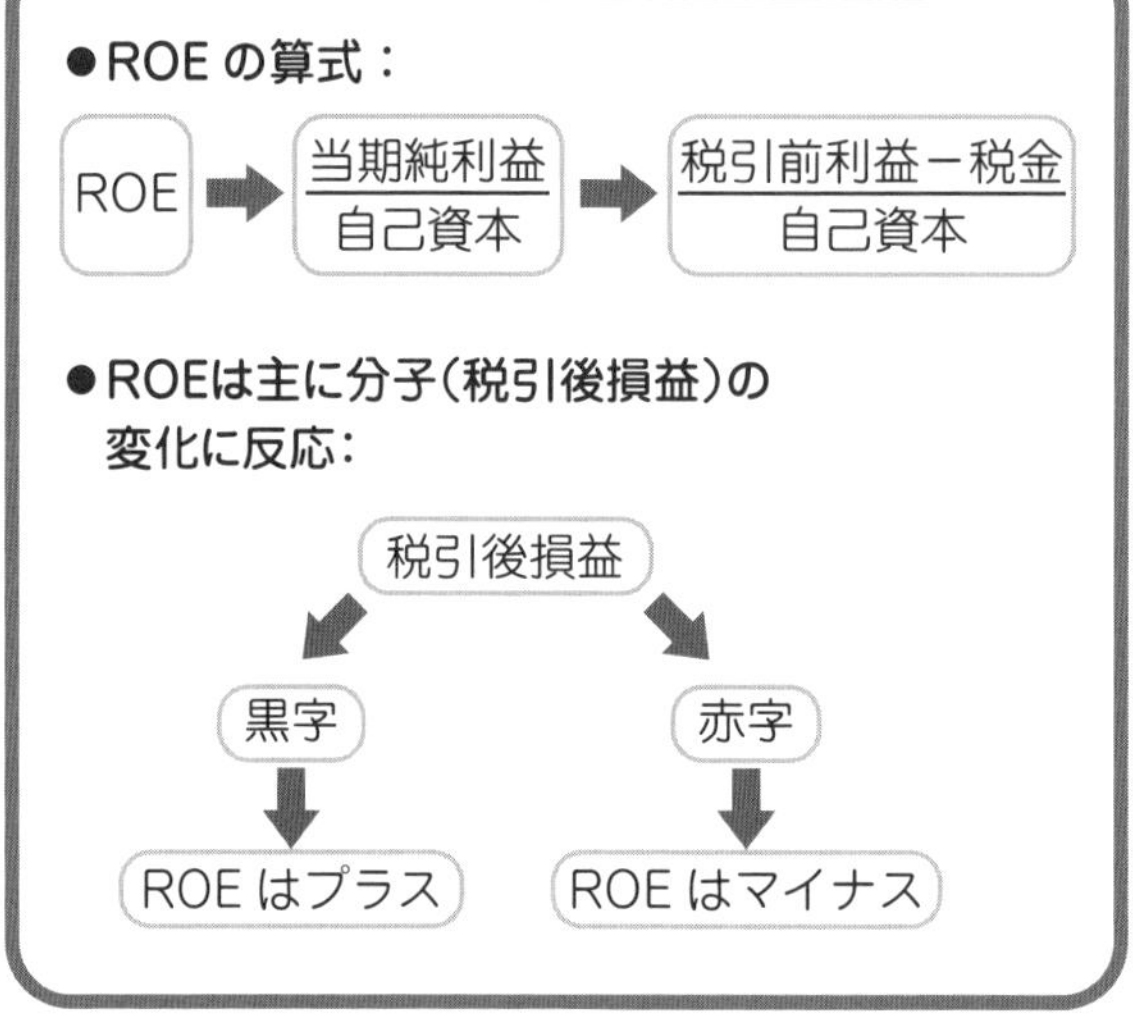

2　法人税法22条（各事業年度の所得の金額の計算）さえ理解すれば税の仕組みはわかる！

まずは、会計との比較から税法の仕組みを説明します。

益金と収益、損金と費用は似て非なる概念です。前者（益金と損金）は税法の概念で、後者（収益と費用）は会計の概念です。

何故、税法と会計の考え方に違いがあるのでしょうか？

それは目的が異なるからです。税法は歳入を賄うためにあり、会計は株主に代表されるステークホルダーのためにあります。

税法はできるだけ税収を上げる取扱いが求められます。一方、会計は企業の経営成績、財政状態を正しく表示する取扱いが求められます。そして税法と会計の取扱いの違いを調整する取扱いを明記しているのが法人税法22条です。

その代表的な取扱いが、条文の中にある「別段の定め」です。

例えば、交際費は会計上費用として認識されますが、法人税法上は「別段の定め」により損金に算入されません。つまり、**交際費は有税の支出になります。**

図表１－２　税金の仕組みを知りたい

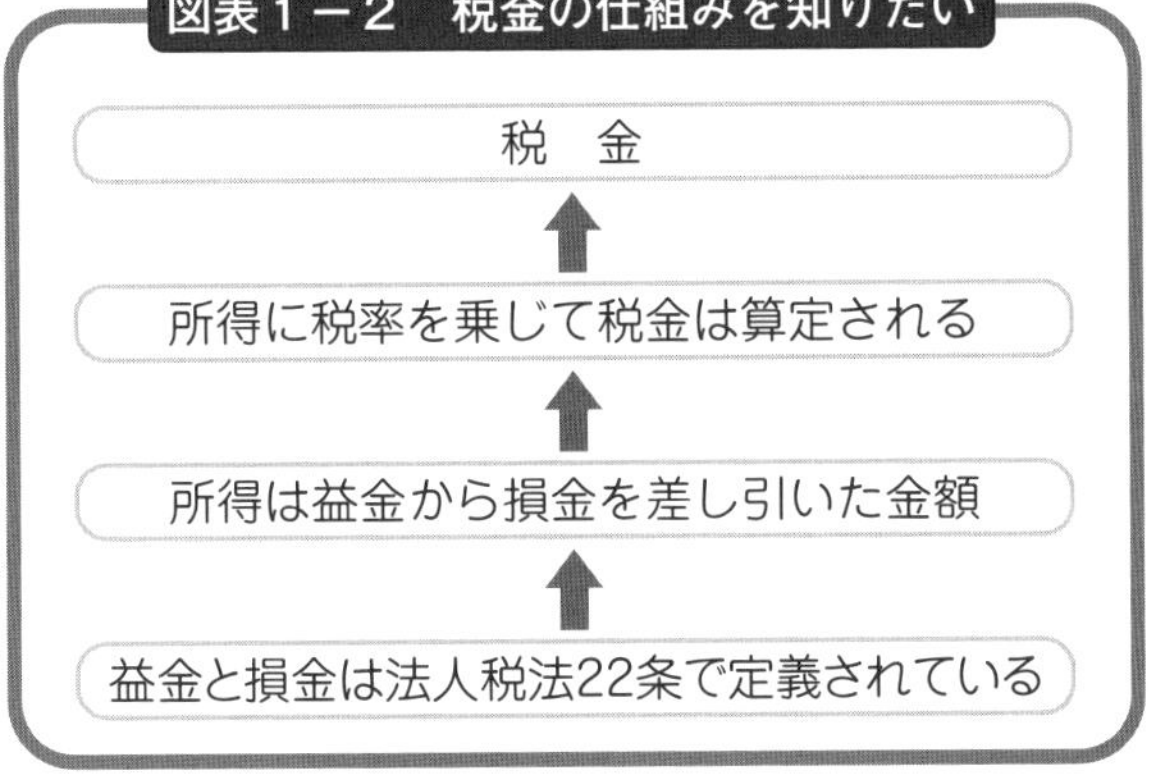
税　金
所得に税率を乗じて税金は算定される
所得は益金から損金を差し引いた金額
益金と損金は法人税法22条で定義されている

法人税法22条の言っていることを突き詰めれば、「各事業年度の所得は、その事業年度の益金の額から損金の額を控除した金額」となります。実際の税額は、そうして算定された所得に税率を乗じることで算定されます。

つまり税金の仕組みは、**益金－損金＝所得**を理解すれば十分です。

なお、法人税法22条の条文は以下のとおりとなっています。

1　内国法人の各事業年度の所得の金額は、当該事業年度の益金の額から当該事業年度の損金の額を控除した金額とする。

2　内国法人の各事業年度の所得の金額の計算上当該事業年度の益金の額に算入すべき金額は、**別段の定め**があるものを除き、資産の販売、有償又は無償による資産の譲渡又は役務の提供、無償による資産の譲受けその他の取引で資本等取引以外のものに係る当該事業年度の収益の額とする。

3　内国法人の各事業年度の所得の金額の計算上当該事業年度の損金の額に算入すべき金額は、**別段の定め**があるものを除き、次に掲げる額とする。

一　当該事業年度の収益に係る売上原価、完成工事原価その他これらに準ずる原価の額

二　前号に掲げるもののほか、当該事業年度の販売費、一般管理費その他の費用（償却費以外の費用で当該事業年度終了の日までに債務の確定しないものを除く。）の額

三　当該事業年度の損失の額で資本等取引以外の取引に係るもの

4　第2項に規定する当該事業年度の収益の額及び前項各号に掲げる額は、別段の定めがあるものを除き、一般に公正妥当と認められる会計処理の基準に従つて計算されるものとする。

5　第2項又は第3項に規定する資本等取引とは、法人の資本金等の額の増加又は減少を生ずる取引並びに法人が行う利益又は剰余金の分配（資産の流動化に関する法律第115条第1項（中間配当）に規定する金銭の分配を含む。）及び残余財産の分配又は引渡しをいう。

第2話　営業部門出身の海外駐在員は危険!?

駐在員事務所の営業活動はご法度との宣託に驚く

見えてきた柴田と北大路の出世の道

柴田と北大路の所属する営業第3課では海外事業の展開に出遅れていた。なんとか中国での事業の軌道は採算に乗るようになってきたが、それも上海地区限定だ。上海以外は空白の状態で、海外事業展開というと心もとない状態であった。

柴田と北大路の上司の部長は「ドブ板営業こそ営業である」と信じており、営業戦略は面（中国）ではなく、点（都市）で考えていた。部長は次の事業展開先として北京と広州を選び、柴田を北京担当、北大路を広州担当に選んだ。

海外駐在員に選ばれた柴田と北大路

北大路、お前はいつ広州に行くんだ？

来月早々で、広州ではホテルを拠点にして活動を始めるつもりだ。柴田、お前はいつ北京に行くんだ？

俺も来月を考えているけど、情報収集のためにまずは上海事務所に行ってみようと考えている。

駐在員事務所の活動には税金が掛からないと聞いたし、俺は部長が言っていた2年以内に10億円のビジネスを広州で達成するよ。達成できれば、俺の取締役への道が自然と開けてくるはず……。

そうか。俺も俺のやり方で北京で頑張るよ！

＊＊＊

二人がそれぞれ任地に旅立った日から、2年が経過した。

ドブ板営業を徹底して行った北大路は、広州でのビジネスを10億円にまで作りあげていた。相変わらず活動拠点はホテルの一室だ。

一方、柴田の最初の1年は、情報収集に努めた。上海地区で行っている活動の内容を上海駐在員から聴き取ることや担当する北京地区でのマーケティング情報の収集、北京地区での輸入関税等商取引に関する規制や手続きの情報収集を積極的に行い、その情報を定期的に本社に報告した。2年目に入るとドブ板マーケティングに軸足を移したが、ドブ板営業をすることはなかった。

その結果、北京でのビジネスは上司が期待する10億円には届かなかった。柴田はこれから大きくビジネスが拡大するタネは撒いたとの自負はあったが、結果が伴わなかった。柴田の胸には、このことに対する忸怩《じくじ》たる思いが残った……。

＊＊＊

再び話を2年前に戻す。

柴田は大学時代の同級生の長尾舞と久し振りに居酒屋に居た。

長尾、俺、部長に北京駐在を命じられたよ。

柴田君、おめでとう！ でも、柴田君の会社で中国子会社の話があったなんて聞いたことがなかったわ。

ウチは中国に子会社はないよ。上海にはこれまでも駐在員事務所はあったけど、北京には駐在員事務所はなかったくらいだよ。

ということは柴田君は初代北京駐在員事務所長ということね。

そのとおり。部長はドブ板営業こそ営業であると信じている人だから、徹底的にドブ板営業をして、２年以内に10億円のビジネスを創りだすよ。

柴田君、ダメだよそんなことしちゃ！　部長にはなれるかもしれないけど、社長になる道を閉ざすことになるよ。

どういうことだ？

柴田君、一言だけアドバイス。**駐在員は営業活動をしてはいけないの！（3）**

これって大事よ！

3 駐在員は営業活動をしてはいけない！の理由

「駐在員は営業活動をしてはいけない！」と長尾舞さんがアドバイスしたのは、**恒久的施設（Permanent Establishment：以下「P.E.」）**という税務問題が発生するからです。

初めに、恒久的施設について定めている法人税法の条文を見てみましょう。具体的には左の「法人税法2条12号の19」と「法人税法施行令4条の4第7項」です。これらの条文を読んで、すぐに理解できる人はいないと思います。意味不明な日本語と感じた方も多いかと思います。税の専門家になるのであれば、意味不明な日本語を読解する能力を養う必要がありますが、そうでなくても税務的思考を養うことはできます（この条文の後に税務的思考について説明いたします）。

法人税法2条12号の19

恒久的施設とは次に掲げるものをいう。

イ 外国法人の国内にある支店、工場その他事業を行う一定の場所で政令で定めるもの

ロ 外国法人の国内にある建設若しくは据付けの工事又はこれらの指揮監督の役務の提供を行う場所その他これに準ずるものとして政令で定めるもの

ハ 外国法人が国内に置く自己のために契約を締結する権限のある者その他これに準ずる者で

政令で定めるもの。

法人税法施行令4条の4第7項

法第二条第12号の19八に規定する政令で定める者は、国内において外国法人に代わって、その事業に関し、反復して次に掲げる契約を締結し、又は当該外国法人によって重要な修正が行われることなく日常的に締結される次に掲げる契約の締結のために反復して主要な役割を果たす者（当該者の国内における当該外国法人に代わって行う活動（当該活動が複数の活動を組み合わせたものである場合にあっては、その組合せによる活動の全体）が、当該外国法人の事業の遂行にとって準備的又は補助的な性格のもの（当該外国法人に代わって行う活動を第5項各号の外国法人が同項各号の事業を行う一定の場所において行う事業上の活動とみなして同項の規定を適用した場合に同項の規定により当該事業を行う一定の場所につき第4項の規定を適用しないこととされるときにおける当該活動を除く。）のみである場合における当該者を除く。次項において「契約締結代理人等」という。）とする。

一　当該外国法人の名において締結される契約

二　当該外国法人が所有し、又は使用の権利を有する財産について、所有権を移転し、又は使用の権利を与えるための契約

三　当該外国法人による役務の提供のための契約

税務的思考とは何か

税務的思考を養うためのステップは以下のとおりです。

第一ステップは想定されるストーリーをリストアップすること

第二ステップはストーリーから生じる常識的疑問を書き留めること

第三ステップはストーリーから生じた常識的疑問に対する答えを探すこと

各ステップをくわしく見てみましょう。

第一ステップは想定されるストーリーをリストアップします。

柴田一輝さん・北大路丈太郎さんの場合は ストーリー　北京・広州駐在員事務所 で、そのストーリーは次のようになるでしょう。

ストーリー　北京・広州駐在員事務所

北京と広州に駐在員事務所を開設する。

「駐在員事務所の活動には税金が課されない」と聞いた。

駐在員事務所で売上をどんどん上げて、たくさん儲けたい。

つまり、10億円のビジネスを2年以内に北京と広州で創出する。

第二ステップはストーリーから生じる常識的疑問を書き留めることです。 ストーリー　北京・広州駐在員事務所の場合、**「駐在員事務所の活動はすべて非課税になるのか?」**、**「与えられたミッションを遂行するために、駐在員が現地での販促活動を行うことは問題ないのか?」**といった疑問が生じます。

第三ステップは各ストーリーから生じた常識的疑問に対する答えを探すことです。その答えはインターネットを利用すれば容易に探すことができるでしょう。そうして探し出した答えを書き留めましょう。

ストーリー 北京・広州駐在員事務所の場合、その答えは**「駐在員が駐在員事務所としての活動をしている限り、駐在員事務所の活動は非課税になる」**です。

駐在員事務所とは、日本企業が外国において事業活動を行うための準備的なものとして設置されたもので、その活動内容は市場調査、情報収集、物品の購入、広告宣伝等を行うことです。駐在員による営業活動は駐在員事務所の範囲を逸脱します。そして、逸脱すると非課税の扱いはなくなります。

右の税務的思考を養うためのステップは、自分が置かれた環境・状況をできるだけ詳細に把握し、そこから生まれる疑問に対する答えを探すことです。これは税法を詳細に知っていなければならない、ということではありません。

恒久的施設の取扱いは駐在員が営業活動をしているか否かを判定するための基本概念

法人税法2条12号の19の「自己のために契約を締結する権限のある者」とは、駐在員が日本法人の名前で売買契約をする権限を持っていることを意味しています。

また「契約の締結のために反復して主要な役割を果たす者」とは、駐在員は契約締結権限を持っていないが、駐在員が売先と直接値段交渉をしているとか、細かな売買条件を詰めていることなどを意味しています。これらの場合、駐在員が本社の恒久的施設に見なされ、その活動に関わる利益は駐在員事務所で課税されます。

柴田一輝さん、北大路丈太郎さんの活動が恒久的施設と見なされた場合、中国との取引に関わる利益は日本のみならず、中国でも課税されることになります（これを「二重課税」といいます）。ここからわかることは、恒久的施設は場所ではなく駐在員の活動の内容によって判定されるということです。

駐在員事務所だから恒久的施設の判定から除外されるのではなく、その活動が準備的または補助的な性格の活動であることが、恒久的施設から除外されるための判定要素なのです。「準備的または補助的な性格の活動」とは、外国法人が広告、宣伝、情報の提供、市場調査、基礎的研究その他その事業の遂行にとって補助的な機能を有する事業上の活動をいいます。

最後に海外進出の基本形態を知ることが大事ですので確認しましょう。

海外進出の形態は以下のとおりです。

駐在員事務所

支　店

現地法人

31ページで説明したとおり、駐在員事務所は日本企業が外国において事業活動を行うための準備的なものとして設置されたもので、その内容は市場調査、情報収集、物品の購入、広告宣伝等を行うことです。こうした駐在員による営業活動は駐在員事務所の範囲を逸脱したものです。

支店とは、日本企業の営業所で外国に設置したものをいいます。支店は法律上独立した法人格は認められず、日本企業の法人格に内包され、外国において日本企業の一部分として取り扱われます。したがって、支店の活動によって生じた債権債務は、最終的には日本企業に直接帰属することとなります。支店は恒久的施設そのものです。これらの点が、現地法人とは異なります。

現地法人は、日本企業が出資者となり、外国に独立の法人を設立したものをいいます。支店とは異なり、現地法人は日本企業と別個の法人となりますので、現地法人の活動によって生じた債権債務は、そのまま現地法人に帰属することになります。現地法人は基本的に恒久的施設には該当しません。

第3話 税金のない国へ行ってみたい

パナマについて教えてほしい

知的好奇心にかられた長尾

長尾舞は最近新規上場を果たした会社の執行役員ＣＦＯである。長尾の最近の悩みは、会社の海外事業展開で理解しなければならない諸制度が多いこと、そして、それらが知らないことだらけなことだ。最近、そんな彼女の知的好奇心が動いたことがあった。**パナマ文書**の新聞記事を読んだ時だ。新聞によれば、パナマ文書（Panama Papers）とは、パナマの法律事務所、モサック・フォンセカ（Mossack Fonseca）によって作成された、租税回避行為に関する一連の機密文書である。２０１５年8月、ドイツの地方紙『南ドイツ新聞』が、匿名の情報提供者から、2.6テラバイトのモサック・フォンセカ法律事務所関連文書を入手した。その後、80か国の約４００名のジャーナリストが分析に加わった後、２０１６年4月３日に分析の結果が発表された。

長尾は彼女の元上司の杜祐祠に、パナマ文書について教えを乞うことにした。杜は、この手の話を聞くには最適の専門家であるし、また親子ほどの年齢差があることも、くだらない世間の眼を気にしなくて済む。長尾にとっては好都合であった。

杜さんは、パナマ文書で有名になったパナマに行ったことがあるんですよね。

長尾君、私がパナマに行ったのは30年ぐらい前で、パナマ文書が取り上げた案件とは全く関係ないよ。

そうですか。ところでパナマってどんな国でしたか？　中米の風光明媚なところ？

それは違うな。パナマ運河があるから海水が濁っていて、風光明媚とは程遠かった記憶が強く残っているね。

運河があると海水が濁るんですか？

パナマ運河はいくつかの閘門《こうもん》(水位の異なる河川や運河、水路の間で船を上下させるための装置)を開閉させて船を通過させる運河で、水位の違う閘門を開閉すると海水が逆流したりする。それで海水が濁るんだよ。

へぇ……。それで杜さんはパナマは仕事で行ったんですか？　それとも遊びですか？

才媛の長尾君にしちゃ愚問だな。しごと！　会計監査の仕事だよ。

パナマで会計監査？

便宜置籍船《べんぎちせきせん》損益を連結決算に取り込むための会計監査の仕事ですよ。

もう少し詳しく説明してもらえますか？

2019年6月にホルムズ海峡でタンカー2隻が攻撃され、そのうちの1隻が日本のタンカーであったという報道があったのを覚えていますか？　報道によると日本のタンカーは、三菱ガス化学が50%を出資する海運会社の国華産業が運航するパナマ船籍の「コクカ・クーレジャス」だ。なぜ、コクカ・クーレジャスの船籍を日本にしないで、船籍をパナマにしたのか――。

それはコスト削減が目的だからだ。国際船舶は船籍を取る必要があるが、船籍を取った国から船の登録免許税、固定資産税が課される。国策としてパナマとリベリアはそれらの税金を非常に安くしているので、パナマ船籍、リベリア船籍の船が多いというわけだ。

それで便宜置籍船とは、どのような船ですか？

便宜置籍船とはその船の事実上の船主の所在国とは異なる国家に船籍を置く船のこと。日本の会社はタンカーを建造したとすると、そのタンカーを所有する会社をパナマに設立すること

が多い。これはその会社の所有するタンカーの船籍をパナマで取ることで船の登録免許税、固定資産税が軽減されるメリットを享受できるからだ。だから、日本の会社の子会社がパナマに作られるのだよ。

やっと杜さんが会計監査の仕事でパナマに行ったことが理解できました。

もう一つ大事なことがある。

何ですか？

パナマは法人税がない国なんだ。

えっ!? それって話がおいしすぎませんか？ まさにお金持ちが飛びつきたくなる国じゃないですか。

そうです。だからパナマのような国をタックスヘイブン（tax haven）と呼ぶ。日本では「租税回避地」と言っているね。

わが社もパナマに子会社を作ったほうがよいのかしら（笑）。

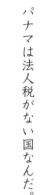

おいおいそんなことをしたら君の会社もパナマ文書に載ってしまうよ。それに日本には**『タックスヘイブン対策税制』**（4）があるから、租税回避地に利益を留保するとその利益は、日本で課税されてしまう（5）。パナマに子会社を作っても、あまりうま味はないだろうね。

4 タックスヘイブン対策税制とは何か

「税金逃れは許さない」を目的にした税制、それがタックスヘイブン対策税制です。別の言い方をすると、税金逃れができるのはタックスヘイブンの国があるからです。タックスヘイブンの国の特徴は以下のとおりです。

無税または名目的な税率が低い

規制が緩い

秘匿性が高い

事業活動が行われることを必ずしも要求しない

こうしたタックスヘイブン国の特徴を踏まえて、わが国のタックスヘイブン対策税制は**事業活動の有無と租税負担割合**とに注目しています。つまり、現地での租税負担率が30%以上であればその現地子会社の所得は日本での課税対象とはなりません。事業実体のない現地子会社の所得は日本で課税されます。また、現地で事業実態があったとしても租税負担率が20%未満であればその現地子会社の所得が日本での課税対象となります。

なお、**事業実態がない海外子会社の判定**は会社形態から事業実態がないと見なされる形式判定と経済活動基準に基づく実質判定があります。

形式判定される企業形態は次の三つです。これらの会社はタックスヘイブン対策税制の対象となります。

ペーパーカンパニー（事業の管理、支配は別の国にある）

キャッシュボックス（有価証券、貸付金等が資産の半分以上）

ブラックリストカンパニー（租税に関する情報交換に非協力的な国に所在する）

経済活動基準に基づく実質判定は次の四つです。左記の四つのすべてを満たさない限りタックスヘイブン対策税制の対象となります。

- 事業基準：主な事業が株式の保有、著作権の提供、船舶リース等でないこと
- 実体基準：本店所在地国に主たる事業に必要な事業所等を有すること
- 管理支配基準：本店所在地国において事業の管理、支配および運営を自ら行っていること
- 次のいずれかの基準

a　所在地国基準：主たる事業が卸売業、銀行業、信託業、金融商品取引業、保険業、水運業、航空運送業または航空機リース業以外の場合で、かつそれを主として本店所在地国で行って

いること
b　非関連者基準：主たる事業が卸売業、銀行業、信託業、金融商品取引業、保険業、水運業、航空運送業または航空機リース業の場合で、かつ非関連者との取引割合が50％超であること

なお、**租税負担割合**が30％以上の場合、タックスヘイブン対策税制での課税の対象から外れます。租税負担割合が20％未満の場合、それぞれ取扱いの違いはありますが、タックスヘイブン対策税制の対象となります。ただし、形式判定される企業形態に該当する場合は、租税負担割合が20％を超えていてもタックスヘイブン対策税制の対象となります。

タックスヘイブン対策税制を**フローチャート**で示すと42ページの図表3―1のとおりとなります。

図表3－1　タックスヘイブン対策税制

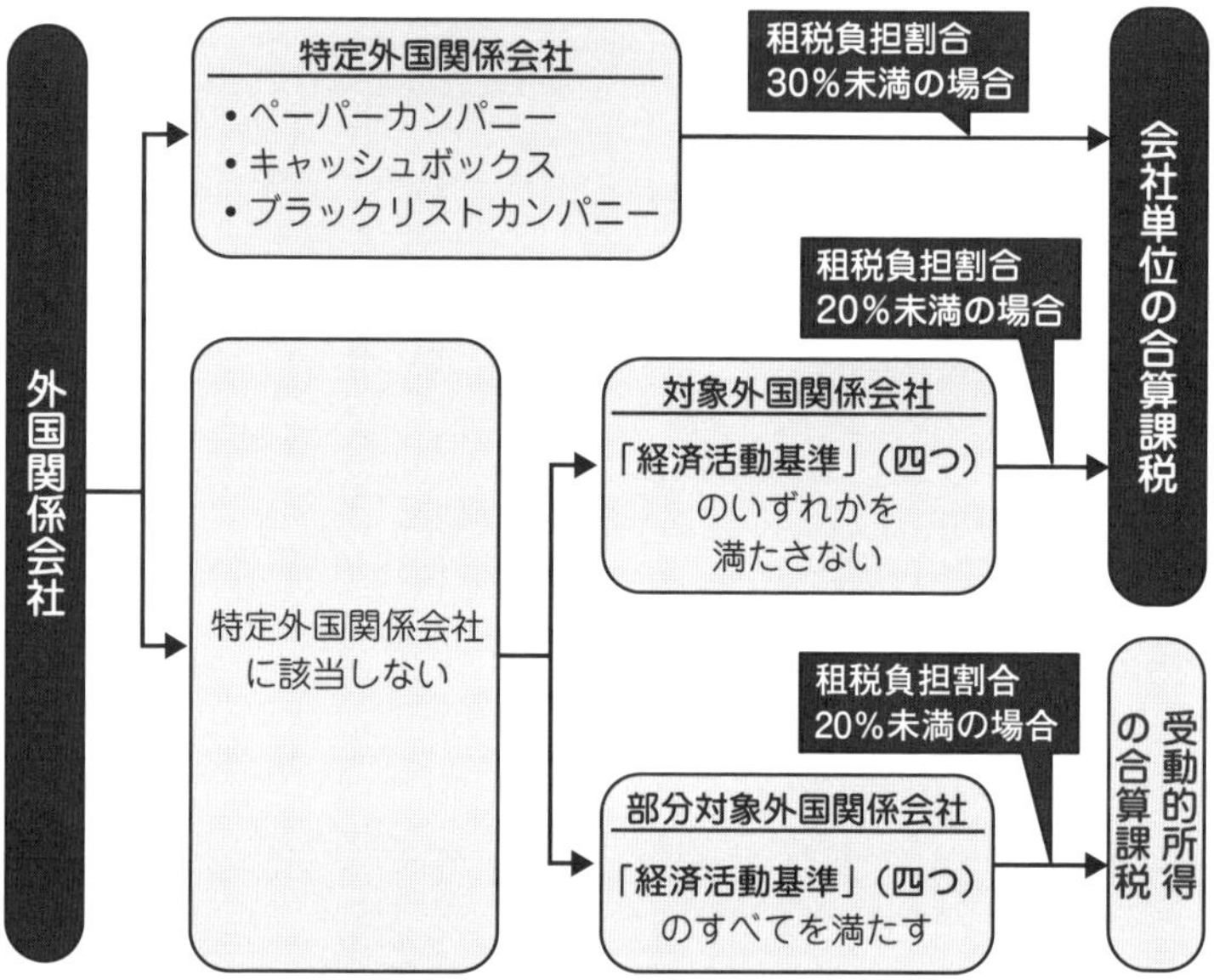

経済活動基準：（1）事業基準
（2）実体基準
（3）管理支配基準
（4-A）非関連者基準または（4-B）所在地国基準

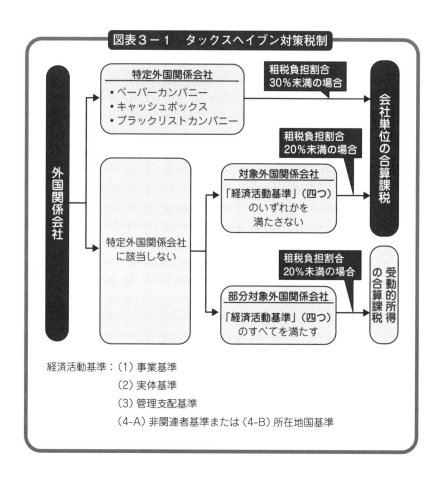

5 実際にタックスヘイブン対策税制で課税された事案

ソフトバンクグループ（SBG）への税務調査に関する報道は次のようなものでした。

ソフトバンクグループ、939億円申告漏れ

SBGが2013年に買収した米携帯電話大手のスプリントと、14年に買収した米携帯卸売大手のブライトスターは、共に税負担が軽いバミューダ諸島の子会社（SBGの孫会社になる）の利益が東京国税局の税務調査を受け、タックスヘイブン対策税制で更正されました。スプリントとブライトスターはSBGに買収される前から、当該子会社を税の負担が軽いバミューダ諸島にそれぞれ持っていたのでSBGが節税目的で当該子会社を設立したわけではありません。

新聞報道によると、スプリントとブライトスターが事業目的で支出した保険料の一部が子会社に支払われており、その取引から発生する利益が計上されており、東京国税局の税務調査でタックスヘイブンに孫会社を保有しており、SBGの所得と合算すべきだと判断されたそうです。東京国税局の見解は、これらの孫会社は「実質的な事業活動を行っていないペーパーカンパニー」だと判断し、国際的な租税回避を防ぐ「タックスヘイブン対策税制」が適用されるとの判断でした。そして、2016年3月期までの4年間で約939億円の申告漏れを指摘されました。法人税などの追徴税額は過少申告加算税を含めて約37億円で、17年に修正申告を行い、納税したそうです。

スプリントと、ブライトスターは共に米国企業です。米国はタックスヘイブンではありません。それでは、SBGによるこの企業買収が何故タックスヘイブン対策税制の対象になったのでしょうか？それは彼等がタックスヘイブン（バミューダ諸島、シンガポール）に子会社を所有していたからです。

タックスヘイブン対策税制の恐ろしいところは、その対象が日本企業の子会社、孫会社、曾孫会社、玄孫会社、その先も対象になるということです。ですからクロスボーダーのM＆Aをした時、意図しないタックスヘイブン対策税制による課税が発生する可能性があります。

ここで取り上げたSBGの課税も意図しないタックスヘイブン対策税制による課税だったのかもしれません。

企業規模の拡大や新規市場の開拓を目的に、日本企業による海外企業のM＆A（合併・買収）は活発になっています。海外子会社やその関連会社の資金の流れが複雑なケースも多く、急増するM＆Aに親会社の税務や経理が追いついていないケースが多いのではないかと推察します。

第4話　年貢の納め時は必ず来る

北大路の話を聞いて杜が思ったこと

北大路の昇進を祝う杜

北大路は広州でのドブ板営業の成果が評価されて部長に昇進し、帰任した。北大路の部長昇進の報せを聞いた杜は、会食の場を設けた。

北大路君、部長昇進おめでとう。

ありがとうございます。今回の昇進は広州での実績が認められたのだと思います。

それはよかった。海外駐在の苦労が報われたんだね！　少し苦労話を聞かせてくれるかい。

なんといっても言葉ですね。１００パーセント通訳に頼っていたら営業なんてできないですね。全く中国語を知りませんでしたので一からのスタートでしたが、自分の場合、語学勉強は〝読む、書く〟の部分は省いて〝聴く、話す〟に集中しました。

その割り切りはスゴイね。

毎日、仕事が終わってホテルの部屋に戻るとテレビをつけて、流れてくる中国語を聞いていました。かなりの〝ながら勉強〟でしたが（笑）、それでも3年続けると相手の言うことはかなりわかるようになりました。まぁ、話すほうは日本人の話す中国語の域を出ませんでしたが。

それでもスゴイことです！　中国人相手の営業は、日本人感覚からするとビックリするようなことはありませんでしたか？

金儲けすることに中国人は徹底していますね。トンネル会社を作って利益をピンハネしたり、香港に利益をプールしたり。ありとあらゆることをしているというのが感想です。

日本なら『あいつはカネに汚い』と言われてしまうところでしょうね。

そうなんですよ。ただ、カネに汚い奴は中国人だけではないようで、親しくなった中国人からは、『北大路さん、香港に利益をプールしている日本人、特に中小企業経営者はかなりいますよ！あなたも香港に会社を作ったらかなり節税できるよ』と言われたことがありました。

日本に住んでいる中小企業経営者が？　本当にそんなことできるのかなぁ？

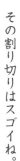

杜先生、私は香港に会社を作ることはしませんでしたのでご安心ください。自分は一介のサラリーマンですし、そうした話とは無縁でした。

杜の所感

杜は、香港に利益をプールする日本人の話を聞いて、日本人のタックスリテラシー（リテラシー（literacy）は「（何らかのカタチで表現されたものを）適切に理解・解釈・分析し、改めて記述・表現する」という意味に使われているが、**「タックスリテラシー」は杜の造語。** **6**）に一抹の不安を覚えた。

税金をたくさん払いたいと思っている人間はまずいないであろう……。となると誰もがいかに税金の支払いを少なくできないかと考えるのは自然なことだ。

問題は、その時に多くの日本人の思考回路は「知恵を使う」ではなく「ごまかす」で、バレた時は「仕様がない。年貢の納め時が来た」と考えることにある。ごまかしている限り、タックスリテラシーを養うことはできないではないか。杜は独り考えていた。

6 タックスリテラシーが足りない？

芸能人が個人事務所を設立して法人化する目的

タックスヘイブンの一つである香港に子会社を作り、そこに利益をプールすれば節税効果が抜群にあると思う日本人の方がいるようですが、第3話で説明したように日本には「タックスヘイブン対策税制」があるので、香港に貯めた利益はすべて日本で課税されてしまいます。

タックスヘイブンを利用した節税策はほとんど機能しないと考えたほうがよいでしょう。

活躍している芸能人が、マネジメント会社や個人事務所を立ち上げることもよくあります。こうした会社は、会社を作るとはいっても「所属しているタレントが設立した、芸能人（社長）が一人だけの法人（以下「芸能法人」といいます）」で、要は、ギャラを受け取るためだけの自分の会社の設立です。芸能人がこのような個人事務所を設立して法人化する目的は明白です。すなわち節税のためです。

節税をする時に問われるべきなのが、高いタックスリテラシー（Tax literacy）です。タックスリテラシーは杜祐祠さんの造語ですが、その意味するところは「税金の取扱いを適切に理解・解釈・分析し、改めて記述・表現する能力」です。税に対する考え方では「ごまかしても自分だけは大丈夫！」、バレした時は「仕様がない。年貢の納め時が来た」と考える日本人は多く、このような日本人はタックスリテラシーが低いと杜祐祠さんは思っています。

2019年、お笑い芸人が節税目的で設立した会社が法人税の無申告を繰り返し、追徴税額の総額が1億円を超えたとの報道が話題になりました。

当初、このお笑い芸人の言動からは無申告を繰り返したことを反省している様子がうかがえませんでした。「運が悪かった!」と思っていたのではと推察しています。このような様子からこのお笑い芸人のタックスリテラシーは非常に低いように感じました。

さて、以下では芸能法人がもたらす節税効果について見てみましょう。

法人税のほうが所得税より有利

所得税は累進課税方式を採用していますので、所得が高くなるほど支払う税金は高くなります。所得が5000万円だった場合、所得税や住民税、健康保険料などを含めてほぼ半分は税金として取られてしまいます。ですから手取りは約2500万円になってしまいます。

一方、法人税は累進課税方式をとっていませんので、その実効税率は所得の多い少ないにかかわらず35%前後です。同じ所得だとした場合でいうと、芸能法人の税引後利益は3250万円となります。つまり、所得税と比べて750万円節税できます。

家賃が費用となる

芸能法人を設立した芸能人は、賃貸マンションに住むことが勧められます。

個人の場合、自宅の家賃は経費になりませんが、芸能法人が社宅として契約した賃貸マンションの家賃は経費になるからです（芸能人は芸能法人に家賃を支払う必要があります）。

このとき、芸能法人がオーナーに支払う賃貸マンションの家賃が大きく、芸能法人が芸能人から受け取る家賃が少なければ、経費＞収入となり節税効果が生まれます。借り上げ社宅の場合、経費＞収入の取扱いは税法上認められているからです。つまり、賃貸マンションに住むことには、節税効果があります。

携帯電話代や車代なども経費となる

同じことは携帯電話代や車代などでもいえます。契約者を個人事業主ではなく、法人にした瞬間に経費化できる金額の範囲が圧倒的に大きくなるのです。

ただし、タックスリテラシーなくして節税はできない

会社の経費とは事業に関係する費用です。したがって、私生活に必要な日用品、趣味の道具、友達との飲み会に使った費用などは、当然ながら経費にはなりません。

注意すべき費用としては、家事関連費があります。家事関連費とは一つの支出が家事上と業務上の両

方に関わりがある費用、つまり、交際費、接待費、旅費、水道光熱費等の費用です。

新聞報道から推測すると、無申告を繰り返した先述のお笑い芸人は家事関連費を全額経費処理していたようです。そして、その結果、「脱税」との認定がなされました。

「たらればの議論ですが、彼にタックスリテラシーが備わっていたら、無申告を繰り返すこともなかったでしょうし、脱税者の烙印を押されることもなかったでしょう。

第5話 右肩上がりの売上で現地法人の社長の評価は決まる

移転価格の決定は摩訶不思議？

北大路から柴田への電話

柴田と北大路の所属する営業部門では、中国に子会社を設立することを会社の経営投資委員会に上申することになった。日本に帰任した北大路が中国子会社設立の担当部長だ。北大路は未だ北京に駐在して頑張っている柴田を中国子会社の董事長《とうじちょう》に据える人事を考えていた。

そうした状況の中、北大路は柴田に電話した。

もしもし、今話せるか？

北大路か……。あ、「部長」と呼ばないといけないな。

バカヤロウ、同期の仲間じゃないか！　今までどおりで行こうぜ。

柴田は、出世競争に一歩遅れた自分に対する北大路の心遣いが嬉しかった。

どうだい北京の生活は？

『住めば都』と言いたいところだが、やはり大気汚染が気になるな。外出はマスク必須、部屋では空気清浄機を常時つけているよ。まあ有難いことに身体は至極快調だよ。それで、どうしたんだ？　何かあったのか？

今度設立する中国子会社の董事長にお前を考えているんだ。そのことで今社内の根回しをしていることを伝えたくてな。

そうか、ありがとう。友情に感謝しているよ。

誤解するなよ、友情なんかじゃない。この人事は、お前がいちばん適任だと考えたからだ。広州、上海、北京の駐在員事務所は発展的に解消して、これからは中国で本格的に事業活動する。当面は日本から製品を輸出して、ゆくゆくは中国に製造子会社を設立する計画だが、その設立する中国子会社は統括会社にして、その下に広州、上海、北京の販売孫会社を設立する予定だ。そこで、この統括会社の董事長にお前を据える。

＊＊＊

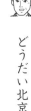

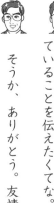

柴田の懸念

北大路の計画した形で中国子会社のビジネスはスタートした。中国ビジネスは順調に拡大していった。

北大路、こちらの売上が予算比で120％になったぞ。親会社も業績に満足しているよな？

ああ、大満足だよ。お前の評価も上がっているぞ。ここで手綱を緩めないで、引き続き頑張って売上を伸ばしてくれよ！

わかった、頑張るよ。ところでこれだけ売上を伸ばしたのに、こちらの利益は全く増えていないのは知っているよな？　現地従業員のモラルに影響するぞ……。

心配するな！　中国子会社の売上増は、親会社の利益に十分貢献している。

しかし、売上が上がっているのに利益が増えないのは、日本からの**輸出価格（移転価格）**（**7**）が高いからだろう？　日本から中国への輸出価格はどうやって決めているんだ？

中国子会社の経費に見合う金額の粗利益が出る価格を「仕切り価格」としている。だから、中国子会社の利益が増えないのは仕様がないんだ。むしろ当然だと考えてくれ。

ということは、こちらの利益は親会社で計上されるということか。

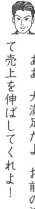

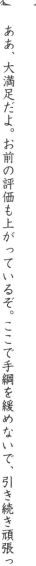

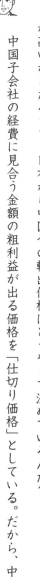

そのとおりだ。そちらの利益とお前の評価は関係ない。言っただろ！　お前の評価は上がっているんだ。

7 移転価格は恣意的と思われるので、できるだけ恣意性を排除する

第三者との取引は常に適正な価格（独立企業間価格といいます）であると考えられる一方で、親会社と海外現地法人の間での仕切り価格（移転価格といいます）は恣意的に決めることができます。

そこで、国際税務の世界では、親会社と海外現地法人の利益を正確に計算するために、恣意性を排除した第三者情報を利用して算定した**あるべき移転価格**を使うことが求められます。

あるべき移転価格を算定する方法はいくつかありますが、実務において広く使われているのが**取引単位営業利益法（Transactional Net Margin Method：TNMM）**です。

TNMMのポイントは取引の価格ではなく、利益率

TNMMでのあるべき移転価格は、取引価格でなく利益率で表示されます。具体的には、TNMM＝海外現地法人の売上－（海外現地法人の販管費＋海外現地法人の売上×第三者の利益率）で計算します。

TNMMでは、親会社が海外現地法人に製品を輸出し、海外現地法人が現地で得意先に販売する場合、その取引に関わる製品と同種の製品を購入する第三者が現地で得意先に販売することで得られる営業利益率をあるべき移転価格とします。

図表５－１　棚卸資産の購入が国外関連取引である場合

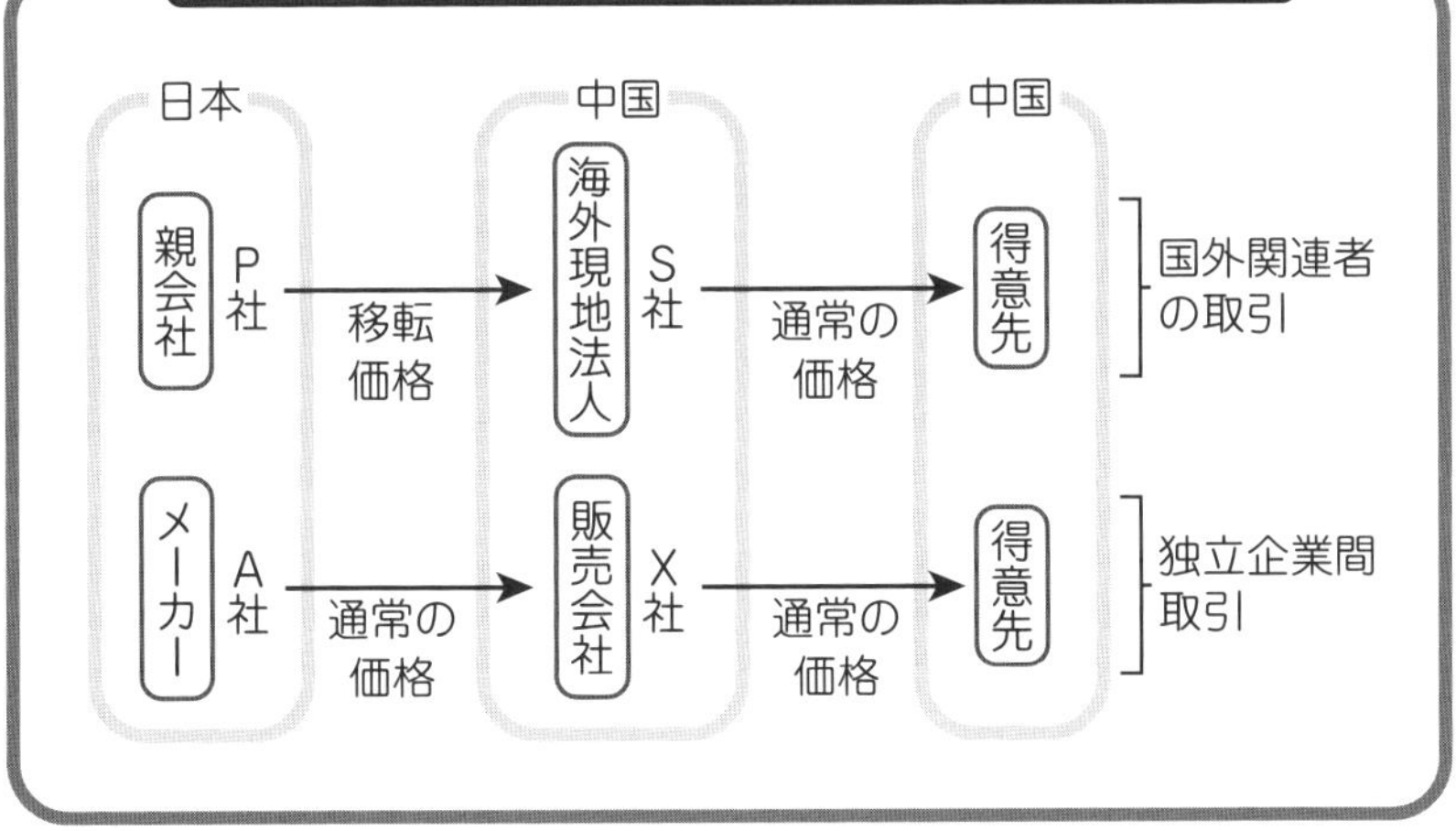

具体的な適用例は図表５－１のとおりです。

図表５－１の上段があるべき移転価格を必要とする国外関連者間取引です。下段が第三者の独立企業間取引です。上段のＰ社とＳ社の間の移転価格を決定する際にＴＮＭＭを利用します。具体的なＴＮＭＭ算定のステップは次のとおりです。

① 親会社Ｐ社がＰ社と子会社Ｓ社の移転価格を決めるため作業を開始

② 移転価格算定方式をＳ社の営業利益率を使用するＴＮＭＭに決定

③ Ｓ社と取り扱う製品、機能が類似する企業をデータベースからいくつか検索

④ 検索した企業の企業情報を入手しさらに分析

⑤ 分析結果から比較対象企業を選定（Ｘ社）（図の下段の取引）

⑥ Ｘ社の営業利益率を利用して、Ｓ社の移転価格をＴＮＭＭで算定する

例えば、X社の営業利益率が5％、S社の売上を１００、販売費・一般管理費を10とした場合、P社とS社の移転価格は85になります。算式は次のとおりです。

移転価格 ＝ S社の売上 − （S社の販売費・一般管理費 ＋ S社の売上 × X社の営業利益率）
＝ 100 − （10 ＋ 100 × 5％）
＝ 85

ところで、TNMMについては、次のような疑問がありそうです。

TNMMに対する疑問その１ ― なぜ、取引価格を利用しないのか？

あるべき移転価格を算定する際、第三者の取引価格を利用したいのですが、納税者と全く同じ条件の第三者情報を入手することは、実務上非常に困難です。ですから取引価格の利用はされません。

一方で、第三者の利益率の情報はインターネットのデータベースを利用すれば入手可能です。したがって、次善の策として利益率が使われています。

TNMMに対する疑問その２ ― なぜ、売上総利益率ではなく営業利益率を使うのか？

実は過去のわが国の移転価格の算定には、売上総利益率を使用することが求められていました。

しかし、移転価格調査の事例を重ねるうちに売上総利益率を使用することの問題点が明らかになり、使用する利益率について営業利益率も認めたという経緯があります（2011年度税制改正により、独立企業間価格算定方法の適用優先順位（基本三法優先）は廃止され、基本三法、取引単位営業利益法、利益分割法、2019年度税制改正により追加されたディスカウント・キャッシュ・フロー法（DCF法）の六つの独立企業間価格算定方法から「最も適切な方法」を事案に応じて選定し、適用する仕組みに移行しています（最適方法ルール））。

どういう問題点があったかというと、例えば、仕入れた製品の販売先が決まっていれば広告宣伝費を使う必要がありませんが、そのような会社の販売費・一般管理費は少なくて済む一方で、仕入れた製品を不特定多数の顧客に売るには積極的に広告宣伝を打つ必要があります。つまり、不特定多数の顧客に売るような製品を作っている会社の販売費・一般管理費は大きくなります。

つまり、機能の差異が売上総利益に与える影響を考慮する必要があるのです。そして、機能の差異は多くの場合、販売費・一般管理費に表れることから、営業利益段階になれば機能の差異による影響を受けにくいと考えられています。これは、機能が類似する取引を選定できる場合、営業利益のほうが売上総利益よりも一定の値に収束してくるということを意味しています。

こうしたことから、営業利益率を使用するTNMMが実務において多く使用されるようになりました。

国税庁の移転価格についての考え方

国税庁の移転価格に関する参考事例集でも、「価格は製品の差異の影響を受ける傾向にあり、売上総利益率は機能の差異による影響を受ける傾向にあるが、営業利益率はそのような差異の影響を受けにくいため、TNMMの適用可能性が大である」ことが示唆されています。

また、この参考事例集では、比較対象取引の選定において公開情報を利用することを念頭に置いていますが、公開情報を利用する場合、一般的にその質や量は、検証対象となる取引に関する情報と比べて、限られたものにとどまることが想定されます。

参考事例集では、公開情報のそうした特徴に鑑み、複数年度の営業利益を見る必要性や、比較対象取引に係る営業利益を一点ではなく、「幅」でとらえることについても言及しています。「幅」を使用することにより、関連者と比較可能な非関連取引に従事する独立企業との事業の特徴の差異による影響を少なくすることができるとしています。実務においてTNMMを使う場合は、複数年度の情報と幅を活用することが大事となるでしょう。

第6話　GAFAの節税策は凄すぎる

そのサンドイッチ食べられますか?

「究極の節税手法」

ある日、新聞を読んでいた長尾舞の目に、「ダブルアイリッシュ・ウィズ・ア・ダッチ サンドイッチ」という単語が飛び込んできた。この単語がグルメ記事ではなく国際面に書かれていたことに、長尾は興味を覚えた。記事からわかったのは概ね次のことである。

> ダブルアイリッシュ・ウィズ・ア・ダッチ サンドイッチは、米アップル社が1980年代に編み出したとされる「究極の節税手法」のことだ。これまで、米グーグルや米フェイスブックといった名だたるIT大手がこの節税手法を巧みに活用したようだ。
>
> アップルの場合、まずアイルランドに、パソコン販売などの事業をアイルランド以外でも展開するA社と、米国本社から提供されたブランドやノウハウといった知的財産を持つB社という2つの会社をつくる(ダブルアイリッシュはこの2社を指す)。B社は事業の実体がないペーパーカンパニーである。

ここでポイントになるのがA社とB社の間の取引で、B社が持つ知的財産を使った見返りという名目で、A社はB社にオランダのC社（ペーパーカンパニー）を経由して費用を支払う（オランダ企業を挟むのでダッチサンドイッチという）。

この節税手法で重要な役割を果たすのが、法人税率12.5パーセントのアイルランドのような低税率国である。税率がほぼ0パーセントという低さの英領ケイマン諸島やカリブ海のバージン諸島といったところもある。こうした国々は、「タックスヘイブン（租税回避地）」と呼ばれ、世界で約60の国・地域が該当する。

長尾はこの新聞記事を目にした時、なぜこの仕組みが「究極の節税手法」になるかは理解できなかった。しかし、彼女の知的探求心がメラメラと燃え上がり、この食べられないサンドイッチのレシピを調べ始め、メモ帳に次のことを書いた。

究極の節税とは、単に税金を少なくする節税ではなく、全く税金の支払いをしないことだろう。
アイルランドに二つの会社、オランダに一つのペーパーカンパニー。それだけで節税できるのか？疑問である。
アップルの利益の源泉はｉＰｈｏｎｅ、ｉＰａｄの販売益ではないのか？
節税は脱税と違い合法的であるはず。節税は悪か？

彼女の元上司、杜祐祠は教えを乞うには最適の専門家である。早速、長尾は杜と会う約束を取り付けた。

＊　＊　＊

杜さん、教えてほしいことがあります。

僕にわかることなら何でも教えますよ！　食事でもしながらでどうですか？　最近、行っていないから銀座のお寿司屋がいいなあ……。

私に食事のおねだりですかあ。わかりました。杜さん、ちゃんと教えてくれたら銀座の寿司屋にご招待します！

わるいねぇ（笑）。で、教えてほしいことって何だい？

「ダブルアイリッシュ・ウィズ・ア・ダッチ サンドイッチ」についてです（🔑**8**）。「究極の節税手法」と言われていますが、新聞を読んでもチンプンカンプンでわからなかったんです。元職業会計人のはしくれとしては知っておきたくて、それで杜さんに連絡させていただきました。

了解！　少し時間をくれるかな。

8 究極の節税対策!? ダブルアイリッシュ・ウィズ・ア・ダッチ サンドイッチ

「二重」非課税という究極の節税

GAFA企業の究極の節税対策で特に有名なのが〝ダブルアイリッシュ・ウィズ・ア・ダッチ サンドイッチ〟(Double Irish With A Dutch Sandwich：以下「ダッチ サンドイッチ」)です。

ダッチ サンドイッチの内容は非常に複雑です。したがって、ここでは、あえて分割して説明を試みます。この分割はダッチ サンドイッチに関する資料を著者が分析した結果を図表化したものです。

米国の会社Aはダッチ サンドイッチ導入前、アイルランドに製造販売の子会社Bを所有しています(図表6－1)。この子会社Bは米国以外の地域の顧客に製品を販売する会社で、多くの従業員を抱えています。

図表6－1　導入前のストラクチャ

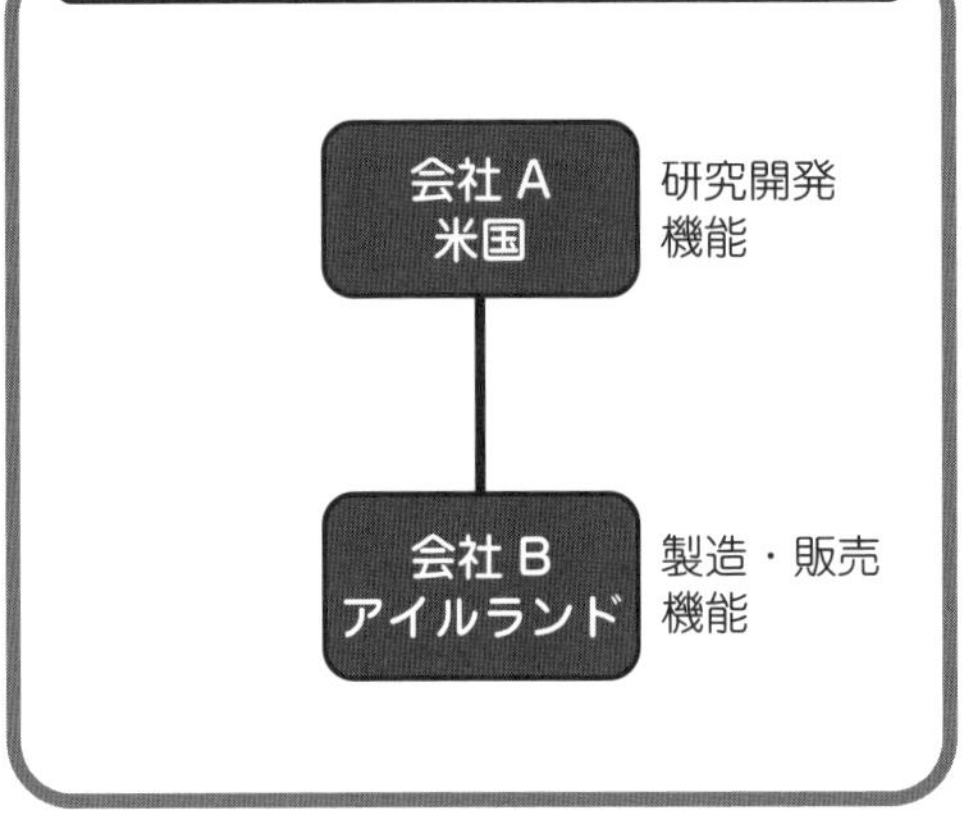

図表6－2　ステップ1

製造販売会社Bのあるアイルランドに知財を保有するための子会社Cを作る

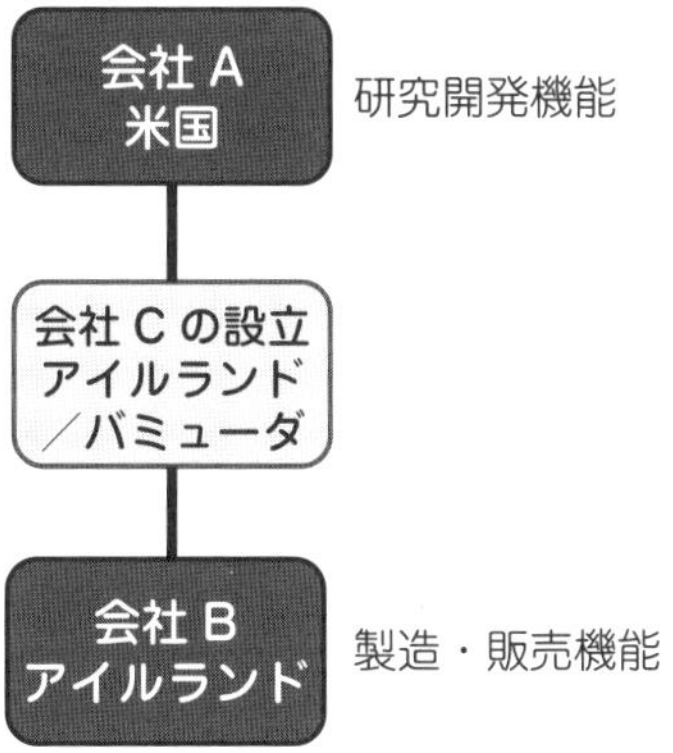

図表6－3　ステップ2

子会社CにAの無形資産を譲渡する

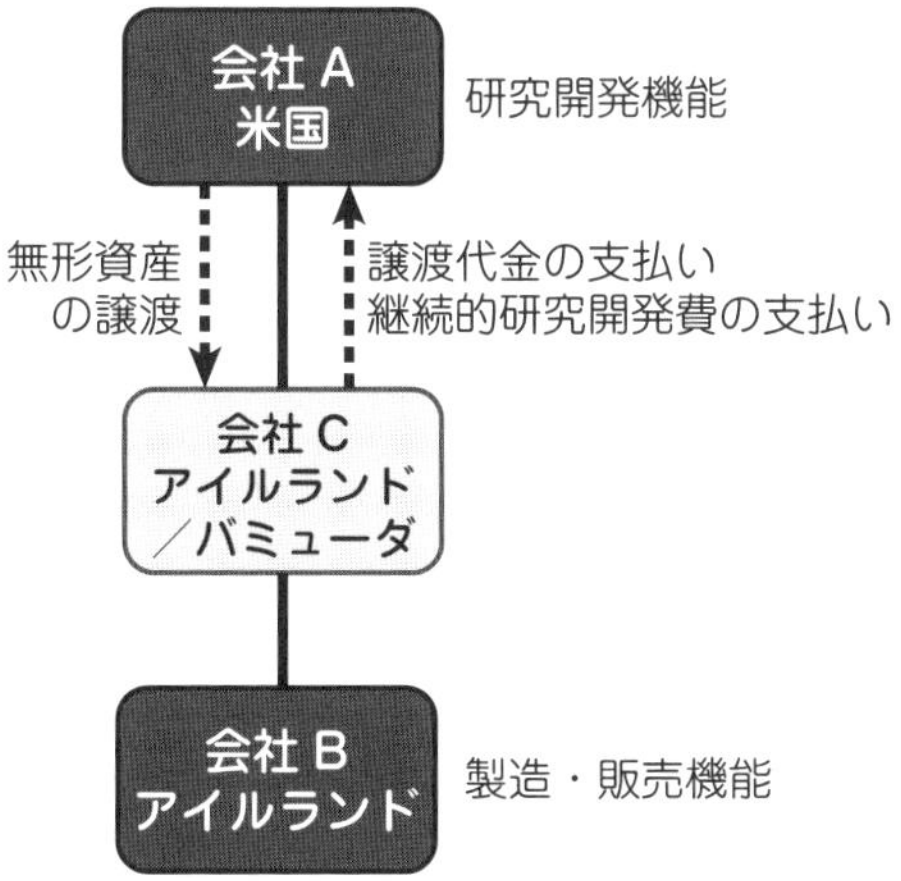

図表6－4　ダッチ サンドイッチ完成

C社から知財の使用を認められたD社をオランダに作る。D社がB社とサブライセンス契約を結ぶ

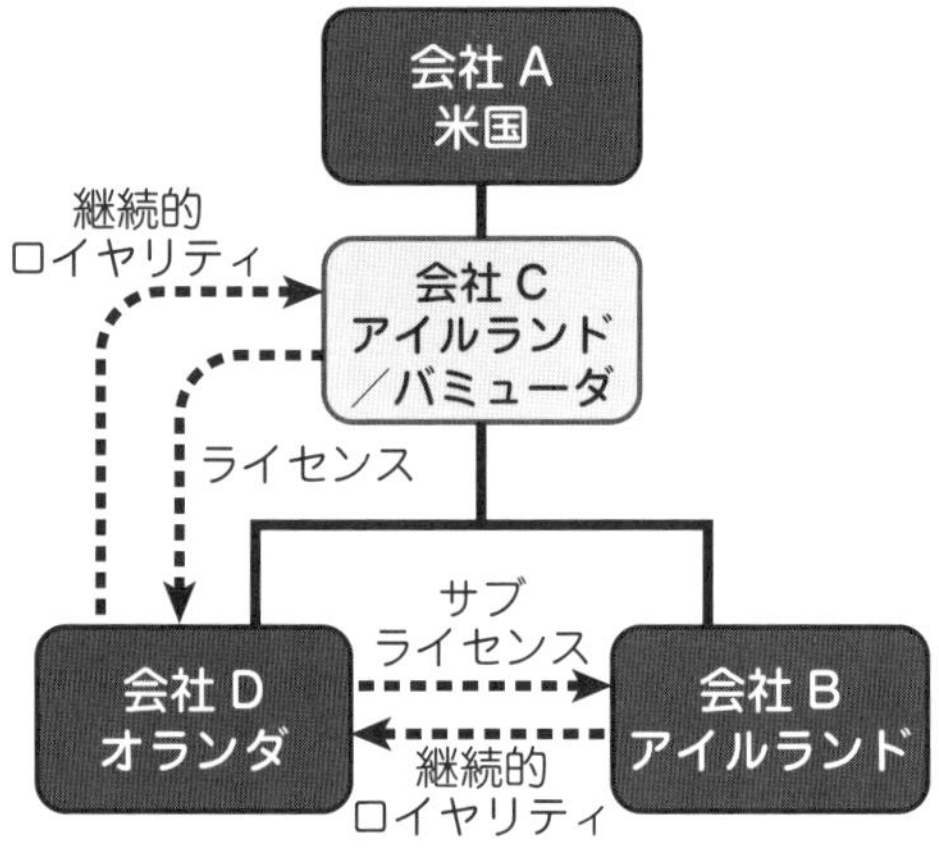

米国の会社Aは、アイルランドにＩＰ（Intellectual Property：知的財産）を保有することを目的とした子会社Cを設立します（図表6－2）。子会社Cの取締役会はバミューダで開催されることにします。これで、アイルランドに製造販売をする子会社BとＩＰを保有する子会社Cが出来上がります。

子会社Cは米国の会社Aから無形資産を譲り受けます。さらに子会社Cと米国の会社Aは委託研究開発契約を結ぶことで、継続的に新たな無形資産の提供を受けることができるようにします（図表6－3）。以上がダッチ サンドイッチの基本形です。

次に、米国の会社Aはオランダに子会社Dを設立します。子会社Cは子会社DにＩＰの使用許諾のライセンス契約を結びます。そして、子会社Dは子会社Bとサブライセンス契約を結びます（図表6－4）。

その結果、アイルランドの製造販売の子会社Bはロイヤリティの支払いをオランダの子会社Dに支払い、その後、オランダの子会社DはアイルランドのIP保有会社Cにロイヤリティの支払いをします。

上記一連のステップでダッチ サンドイッチの出来上がりです。

なぜ上記一連のステップで作られたダッチ サンドイッチが究極の節税対策になると言われるのでしょうか？ そのカギを握るのは次の三つの税務上の取扱いです。

チェック・ザ・ボックス規則

管理支配基準

アイルランド・オランダ租税条約

チェック・ザ・ボックス規則

チェック・ザ・ボックス規則は米国法人税法の取扱いで、チェック・ザ・ボックスとは届出書に「✓」点（チェックマーク）を付す、の意味です。

企業はいろいろな企業体（株式会社、合名会社、合資会社、パートナーシップ等）を選択して事業活動を行いますが、その時、誰が納税義務を負うのかを納税者に選択できるようにしたのがこのチェック・ザ・ボックス規則です。具体的には、Form 8832という届出をすることによって、コーポレーションとして課税される企業体、パートナーシップとして取り扱われる企業体（パススルー）のいずれかを選択することができます。
ダッチ サンドイッチの場合、チェック・ザ・ボックスを利用してアイルランドの製造販売の子会社Bとアイルランドの I P保有会社Cを同じグループにすることで、I P保有会社Cも、実態のある製造販売の子会社Bと同様な取扱いを受けられるようになります。その結果、米国でのタックスヘイブン対策税制から逃れることが可能になり、C社の利益が米国で課税されることを避けることができるというわけです。

管理支配基準

各国で法人の課税の取扱いが定められていますが、ほとんどの国で、法人の本店の所在地がある国で法人の全世界所得に対しての課税が行われることとされています。これを「本店所在地主義」と呼びます。

一方で、本店がどこにあるかにかかわらず、実質的に法人を管理支配している場所が所得の申告地になるという取決めもあります。これを「管理支配基準」と呼びます。管理支配基準はアイルランドとシンガポールが採用しています。

上記のダッチ サンドイッチの場合、I P保有会社Cの取締役会の開催、役員としての職務執行、会計帳簿の作成および保管が行われている場所を、バミューダにしていましたね。つまり、I P保有会社Cの所得の申告地はバミューダになります。そして、バミューダはタックスヘイブンで税金が課せられません。

アイルランド・オランダ租税条約

アイルランド国内でのロイヤリティの支払いは源泉税の対象になります。そこでオランダを迂回してロイヤリティの支払いをすればアイルランド・オランダ租税条約により源泉税の支払いがいりません。

アイルランドとオランダに会社を作るのには、ワケがある！

ダッチ サンドイッチは食べられませんが完璧な節税対策です。しかし、課税当局からすれば苦々しい、由々しき、好ましくない節税対策です。

究極の節税対策のため前記三つの節税の肝を見つけ出したこと、そして、それを一つにまとめ上げ実際にプランを実行したＧＡＦＡ（Google, Amazon, Facebook, Apple）は凄いとほとほと感心します。

第7話　世界中の税法を知らなくても国際税務に精通できる

租税条約を知っていますか？

長尾舞は執行役員ＣＦＯである。が、長尾は、会社の海外事業展開で理解しなければならない諸制度の多くを知らない。そのことは自分でもよくわかっている。今日も、彼女の元上司、杜祐祠に教えを乞うことにした。

情報にはカネをかけろ

企業が国際展開していく時、やはり各国の法制を勉強する必要がありますか？　進出先のすべての法制を知ることは大変だと思いますが……。

長尾君、勉強しても付け焼刃では仕様がないね。それより的確な情報を入手することです。情報の入手に関して日本企業は情報をタダと考える傾向があります。特に、インターネットで多くの情報がタダで入手できる時代になり、その傾向は強まっているように思います。

しかし、そのような時代であっても、的確な情報を得るためにはカネを使う必要があります。

インターネット万能のこのご時世、『情報を得るためにはカネを使う必要がある』って理解できません！

まあまあ、落ち着いて。私の専門の国際税務を例にして、情報にカネを使うのを惜しむべきでないという話をしましょう。

駐在員事務所の活動は現地で課税されませんね？　この意味は例えば、日本企業の北京駐在員事務所の活動に対して、中国の法人税は課せられないということです。しかし駐在員の所得税の取扱いは別です。

おそらく日本からの駐在員の駐在期間は2年とか3年になるでしょう。そうであれば駐在員の国籍は日本のままですが、居住地は駐在している国となって所得税が駐在している国が中国の場合、中国の所得税が課せられます。つまり、中国の居住者と見なされたため所得税が課せられます。

しかし、居住者の判定はグローバルで画一的なものではなく、各国の事情で個別的なものです。したがって進出先でトラブルを起こさないためには国際税務の知識が必要となります。

これはほんの一例で、進出先でのビジネスモデルの変更が必要となった時、クロスボーダーM&Aを考えた時など、多くの場面で国際税務の知識が必要となります。当面の専門家への支出を惜しんでおカネをかけない行動をとる企業がありますが、私に言わせれば『安物買いの銭失い』の典型だと思います。

なんとなくはわかります。

これは私が経験したことですが、プラン立案の段階での専門家への支払いを惜しんで、プランを実行してしまい、数年してから税務調査で当該取引が問題にされて、慌てて専門家を雇い入れ、ものすごく高い報酬を支払ってしまったということがありました。

これは昭和の経営者の多くが経験したであろう『安物買いの銭失い』の事例です。令和の時代の経営者にはもっと賢くなってほしいですね。大事な時こそ、一流の専門家の知識を買うことが必要です。

ただし、求める分野での一流の専門家の数は意外に少ないものです。希少なものは常に高いことは覚悟しなければなりません。

杜さん、先ほど、「居住者の判定はグローバルで画一的なものではなく、各国の事情で個別的なもの」とおっしゃいましたよね？　そうすると居住者の判定をするためには、諸々の税法の取扱いを知らなければならないわけで、やはり各国の税法に精通しないとダメですか？

その必要はないでしょう。日本は俗にタックスヘイブンと言われる国以外の国と租税条約を締結しています。**租税条約（🔑9）**は日本語で読むことが可能です。居住者の判定とかその他諸々

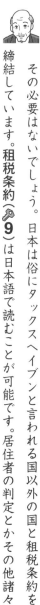

の税法の取扱いは租税条約を読んで理解すればわかりますよ。ただし、その日本語は日常会話の日本語とは全く違う**難解な日本語**（**10**）で、最初はチンプンカンプンだと思いますが……。

ということは、私はさらに杜さんを必要とすることですか（苦笑）。

9 租税条約その1 ―― 二重課税の排除が主たる目的

租税条約は二国間の取決めが基本

財務省の解説によると「租税条約とは、課税関係の安定（法的安定性の確保）、二重課税の除去、脱税及び租税回避等への対応を通じ、二国間の健全な投資・経済交流の促進に資するもの」です。

このように書かれていますが、その主な目的は**二重課税の排除**にあります。例えば、米国の会社の株式を所有している日本人が、その株式を売却した時に発生したキャピタルゲインの取扱いについて、日米租税条約がそのキャピタルゲインが米国で課税されるのか日本で課税されるのかを明らかにしています。

もし、中国の会社の株式を所有しているのであれば、その取扱いは日中租税条約によることになります。

租税条約は二国間の条約ですから、取引の相手国の租税条約を参照する必要があります。日本が締結している租税条約は76ページ（図表7―2）のとおりです。

なお、2020年4月1日現在、条約等の数および国・地域数の内訳は次のようになっています。

・租税条約（二重課税の除去並びに脱税および租税回避の防止を主たる内容とする条約）：63本、73か

国・地域

・情報交換協定（租税に関する情報交換を主たる内容とする条約）：11本、11か国・地域

・税務行政執行共助条約：締約国はわが国を除いて103か国

・日台民間租税取決め：1本、1地域

「OECDモデル租税条約」は、租税条約の国際標準モデル

租税条約には、国際標準となる「OECDモデル租税条約」があり、OECD加盟国を中心に、租税条約を締結する際のモデルとなっています。OECD加盟国であるわが国も、概ねこれに沿った規定を採用しています。OECDモデル租税条約の構成は図表7－1のとおりとなっています。

図表7－1　OECDモデル租税条約の構成

課税関係の安定（法的安定性の確保）・二重課税の除去	源泉地国（所得が生ずる国）が課税できる所得の範囲の確定
	・事業利得に対しては，源泉地国に所在する支店等（恒久的施設）の活動により得た利得のみに課税
	・投資所得（配当，利子，使用料）に対しては，源泉地国での税率の上限（免税を含む）を設定
	居住地国（所得を受ける国）における二重課税の除去方法
	国外所得免除方式または外国税額控除方式
	税務当局間の相互協議（仲裁を含む）による条約に適合しない課税の解消
脱税および租税回避等への対応	税務当局間の納税者情報（銀行口座情報を含む）の交換
	滞納租税に関する徴収の相互支援

租税条約ネットワーク

ベラルーシ
モルドバ
ロシア

財　務　省

《76条約等，136か国・地域適用／2020年４月１日現在》（注１）（注２）

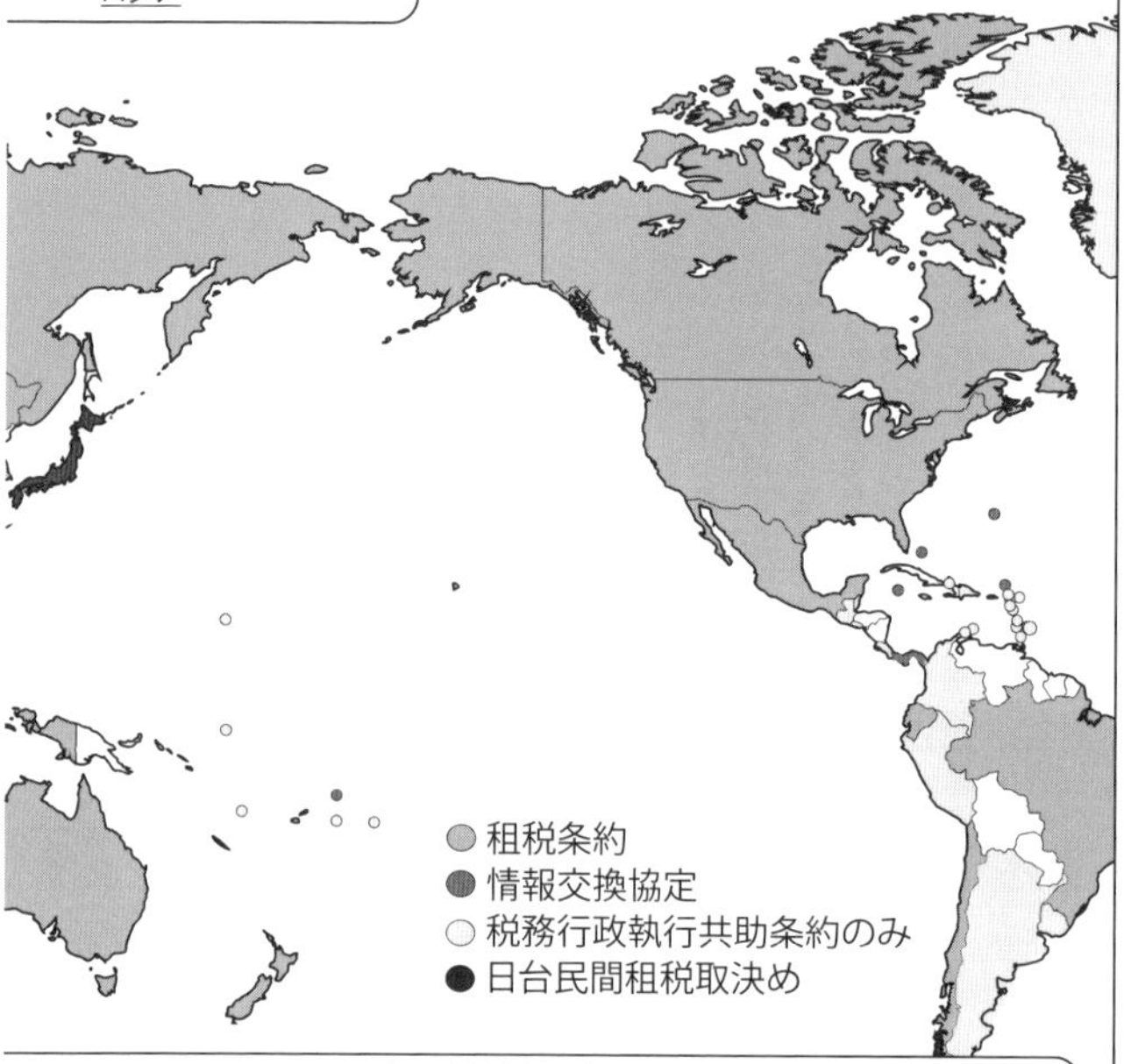

北米・中南米（34）

アメリカ
エクアドル
カナダ
チリ
ブラジル
メキシコ
ケイマン諸島（※）
英領バージン諸島（※）
パナマ（※）
バハマ（※）
バミューダ（※）
（執行共助条約のみ）
アルゼンチン
アルバ
アンギラ
アンティグア・バーブーダ
ウルグアイ
エルサルバドル
キュラソー
グアテマラ
グレナダ
コスタリカ
コロンビア
ジャマイカ
セントクリストファー・ネービス
セントビンセント及びグレナディーン諸島
セントマーティン
セントルシア
ターコス・カイコス諸島
ドミニカ共和国
ドミニカ国
バルバドス
ベリーズ
ペルー
モンセラット

アジア・大洋州（25）

シンガポール	ニュージーランド	フィリピン	マレーシア
スリランカ	パキスタン	ブルネイ	サモア（※）
タイ	バングラデシュ	ベトナム	マカオ（※）
中国	フィジー	香港	台湾（注3）

のみ）

ナウル	ニウエ	バヌアツ	マーシャル諸島

いることから，条約等の数と国・地域数が一致しない。

（図中，適用拡張地域名に点線）。このうち我が国と二国間条約を締結していない国・地域は51か国・地域。

日本国内で実施するための法令によって，全体として租税条約に相当する枠組みを構築(現在，両協会は，公益財団法人日本

図表7－2　わが国の

欧州（44）

アイスランド　ノルウェー
アイルランド　ハンガリー
イギリス　フィンランド
イタリア　フランス
エストニア　ブルガリア
オーストリア　ベルギー
オランダ　ポルトガル
クロアチア　ポーランド
スイス　ラトビア
スウェーデン　リトアニア
スペイン　ルクセンブルク
スロバキア　ルーマニア
スロベニア　ガーンジー（※）
チェコ　ジャージー（※）
デンマーク　マン島（※）
ドイツ　リヒテンシュタイン（※）

（執行共助条約のみ）

アルバニア　サンマリノ
アンドラ　ジブラルタル
北マケドニア　セルビア
キプロス　フェロー諸島
ギリシャ　マルタ
グリーンランド　モナコ

ロシア・NIS諸国（12）

アゼルバイジャン　ウズベキスタン　ジョージア
アルメニア　カザフスタン　タジキスタン
ウクライナ　キルギス　トルクメニスタン

アフリカ（12）

エジプト　南アフリカ
ザンビア

（執行共助条約のみ）

ウガンダ　チュニジア
ガーナ　ナイジェリア
カメルーン　モーリシャス
セーシェル　モロッコ
セネガル

中東（9）

アラブ首長国連邦　クウェート
イスラエル　サウジアラビア
オマーン　トルコ
カタール

（執行共助条約のみ）

バーレーン　レバノン

インド
インドネシア
オーストラリア
韓国

（執行共助条約
クック諸島

（注１）税務行政執行共助条約が多数国間条約であること，及び，旧ソ連・旧チェコスロバキアとの条約が複数国へ承継されて
（注２）条約等の数及び国・地域数の内訳は以下のとおり。
・租税条約（二重課税の除去並びに脱税及び租税回避の防止を主たる内容とする条約）：63 本，73 か国・地域
・情報交換協定（租税に関する情報交換を主たる内容とする条約）：11 本，11 か国・地域（図中，（※）で表示）
・税務行政執行共助条約：締約国は我が国を除いて103 か国（図中，国名に下線）。適用拡張により120 か国・地域に適用
・日台民間租税取決め：１本，１地域
（注３）台湾については，公益財団法人交流協会（日本側）と亜東関係協会（台湾側）との間の民間租税取決め及びその内容を
台湾交流協会（日本側）及び台湾日本関係協会（台湾側）にそれぞれ改称されている。）。

（出所）財務省ウェブサイトから

10 租税条約その2 ― 条文の難解な日本語の羅列が残念

鵜呑みにできない183日ルール

外国に居所がある場合の所得税の取扱いに183日ルールがあります。183日ルールとは「ある国に滞在している日数が183日を超えない限り滞在国が所得税を課さない」というルールです。

この183日はどのようにして数えるのでしょうか?

その計算方法は租税条約において定められています。しかし、残念ながらその内容は租税条約ごとに同一ではありません。

どういうことか、日米租税条約と日中租税協定の該当する条文を比較して見てみましょう。

> **日米租税条約14条2項**
>
> 次の(a)から(c)までに掲げる要件を満たす場合は、当該一方の締約国の場合においてのみ租税を課すことができる。
>
> (a) 当該課税年度において開始又は終了するいずれの12ヶ月の期間においても、報酬の受領者が当該他方の締約国内に滞在する期間が合計で183日を超えないこと
>
> (b) 報酬が当該他方の締約国の居住者でない雇用者又はこれに代わる者から支払われるものであること

（c）報酬が雇用者の当該他方の締約国内に有する恒久的施設によって負担されるものでないこと

日中租税協定15条2項

次の（a）から（c）までに掲げることを条件として、当該一方の締約国においてのみ租税を課すことができる。

（a）報酬の受領者が当該年を通じて合計183日を超えない期間当該他方の締約国内に滞在すること

（b）報酬が当該他方の締約国の居住者でない雇用者又はこれに代わる者から支払われるものであること

（c）報酬が雇用者の当該他方の締約国内に有する恒久的施設によって負担されるものでないこと

右記傍線を引いた箇所を読んで、その意味の違いが理解できた方はとても素晴らしいです。

本年9月1日から翌年4月末までの8か月間、米国あるいは中国に滞在することを前提にした場合の日米租税条約14条2項(a)および日中租税協定15条2項(a)の意味するところの違いは図表7―3のとおりです。

図表7－3　日米・日中の租税条約の違い

〈日米租税条約の場合〉

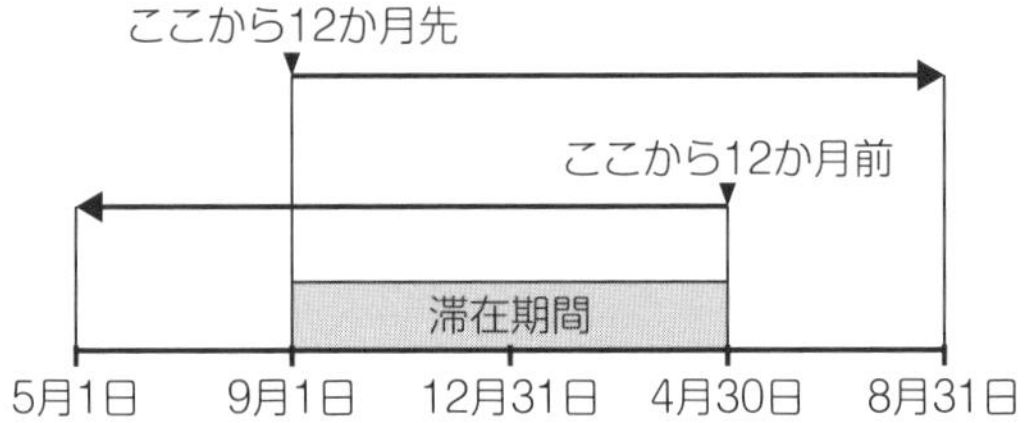

滞在の開始する9月1日から1年間あるいは滞在の終了する4月30日までの1年間の中で滞在が183日を超えているので米国で所得税が課せられます。

〈日中租税協定の場合〉

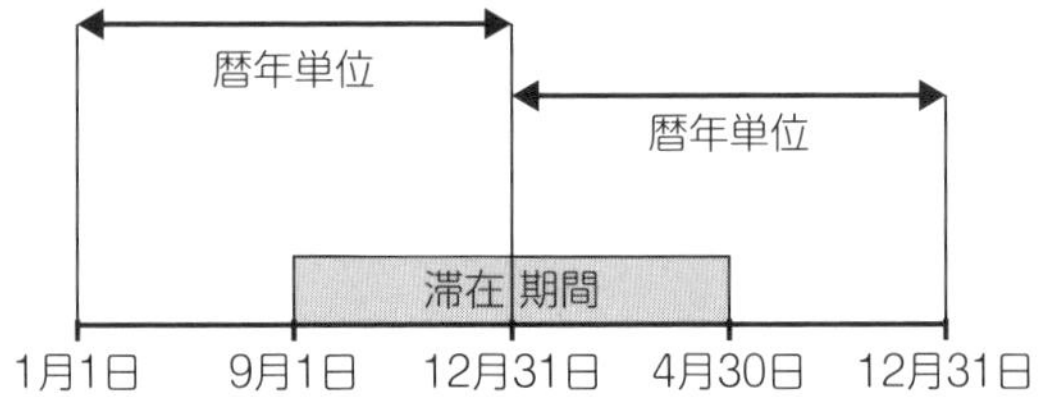

暦年単位で滞在期間を計算します。そうすると，それぞれの暦年で183日は超えていません。ですから中国での所得税は課せられません。

当該一方がわが国、当該他方が外国？　租税条約の日本語はムズカシイ

他の国との租税条約を読む限り、基本的に183日ルールは前記二つのいずれかに分類されます。

外国に居所がある場合の所得税の取扱いについて、租税条約での「当該一方の国」は日本、当該「他方の国」は米国や中国など外国を意味しています。とにかく文章全体が理解しがたい日本語ですね。

第8話　新聞報道に戸はたてられぬ

偏向報道に騙されるな！

柴田の不安

柴田は中国の統括会社の董事長としての職責を果たそうと頑張っていた。本社の北大路からは売上を伸ばせという強いプレッシャーが常にかけられている。

確かに中国の統括会社の売上は伸びている。しかし、北大路が本社に利益を集中させているので、中国の統括会社の利益は伸びていない。北大路が移転価格を操作しているからだ。

柴田はあるニュースを知って不安が募った……。

ある日本企業が、東京国税局から２０１６年3月期までの4年間で約１００億円の申告漏れを指摘され、不服申し立てをする方針だというニュースだ。この会社は、中国の子会社との取引をめぐり、海外への所得移転を防ぐ「移転価格税制」を適用され、過少申告加算税などを含めた追徴課税（更正処分）は約43億円にのぼった。課税当局との見解の相違があるので同社は処分取り消しを求めて不服申し立てをするようである。

この企業は、国内で生産した「ＸＹＺ」と呼ばれる自動車用部品を中国子会社に販売した取引について、価格が不当に安いと同国税局から指摘されたそうだが、同社は「適切な取引価格に基づき、適正な納税をしてきたと認識している」というのだ。

このニュースを読んで柴田が思ったのは、「中国子会社を使って脱税していたのか」であった。

さらに、記事の中の日本企業の『課税当局との見解の相違があった』というコメントに、「脱税していて見解の相違もへったくれもないだろう」と思った。

わが社も移転価格を操作しているから、同じ穴の狢（むじな）かも知れないな……。もしも移転価格の税務調査がうちの会社にもあったら、俺も同じように「見解の相違」と言うハメになるのか⁉

不安になった柴田は長尾舞に連絡を取った。

もしもし柴田です。今、少し話せるかな？

柴田君、久しぶり！　元気そうね。

ああ元気だよ。中国での事業展開もうまくいって、順調に売上は伸びているよ。

それはおめでとう！

ところで実はちょっと気になることがあるんだ。中国の子会社は、売上を順調に伸ばしているんだけれど利益は全然増えていないんだ。本社の北大路に利益のことを言ったら『心配するな！』と言われたんだが……。

……。

？

言っておきたいことがあるわ。北大路君が移転価格の設定をたとえ適正に行っていても、税務調査される可能性はあるのよ！　それに追徴課税される可能性もある！

それってうちと国税で**見解の相違**（11）があるっていうことかい？

そうよ！　「適正な移転価格」ってかなり主観的なもので、客観的、絶対的なものじゃないのよ。

えっ！　それじゃ、正しい申告をしていると思っていても更正されることがあるのかい？

そう、まさに見解の相違ね。新聞報道なんかは脱税に対する追徴課税も、見解の相違があって更正した税務申告も同じように『納税者がごまかした』ような論調で記事が書かれるから注意したほうが良いわよ。

なにか釈然としない話だな。ともかくありがとう！

11 課税当局との見解の相違があるときは、課税当局と戦う姿勢が大事

比較対象取引は一つではない

納税者と課税当局との間で見解の相違が生じるケースの多くは、移転価格の調査についてです。そこで、どうして見解の相違が起こるのかについて、第5話でとりあげたＴＮＭＭの場合で見てみましょう。

ＴＮＭＭのステップは以下のとおりです（57ページ参照）。

①　親会社Ｐ社がＰ社と子会社Ｓ社の移転価格を決めるため作業を開始
②　移転価格算定方式をＳ社の営業利益率を使用するＴＮＭＭに決定
③　Ｓ社と取り扱う製品、機能が類似する企業をデータベースからいくつか検索
④　検索された企業の企業情報を入手しさらなる分析
⑤　分析結果をもとに比較対象企業を選定
⑥　比較対象企業の営業利益率を利用して、Ｓ社の移転価格をＴＮＭＭで算定

税務調査では納税者が実施したステップと同様のステップを踏みます。その際、右の③のステップ「Ｓ社と取り扱う製品、機能が類似する企業をデータベースからいくつか検索」、すなわち比較対象取引

の選定が「見解の相違」が発生する要因となります。

納税者の検索結果と課税庁が検証のため実施した検索結果に齟齬が生じることで、見解の相違が生じるのです。

図表8―1をご覧ください。

図表8－1　S社の比較対象取引の選定手順

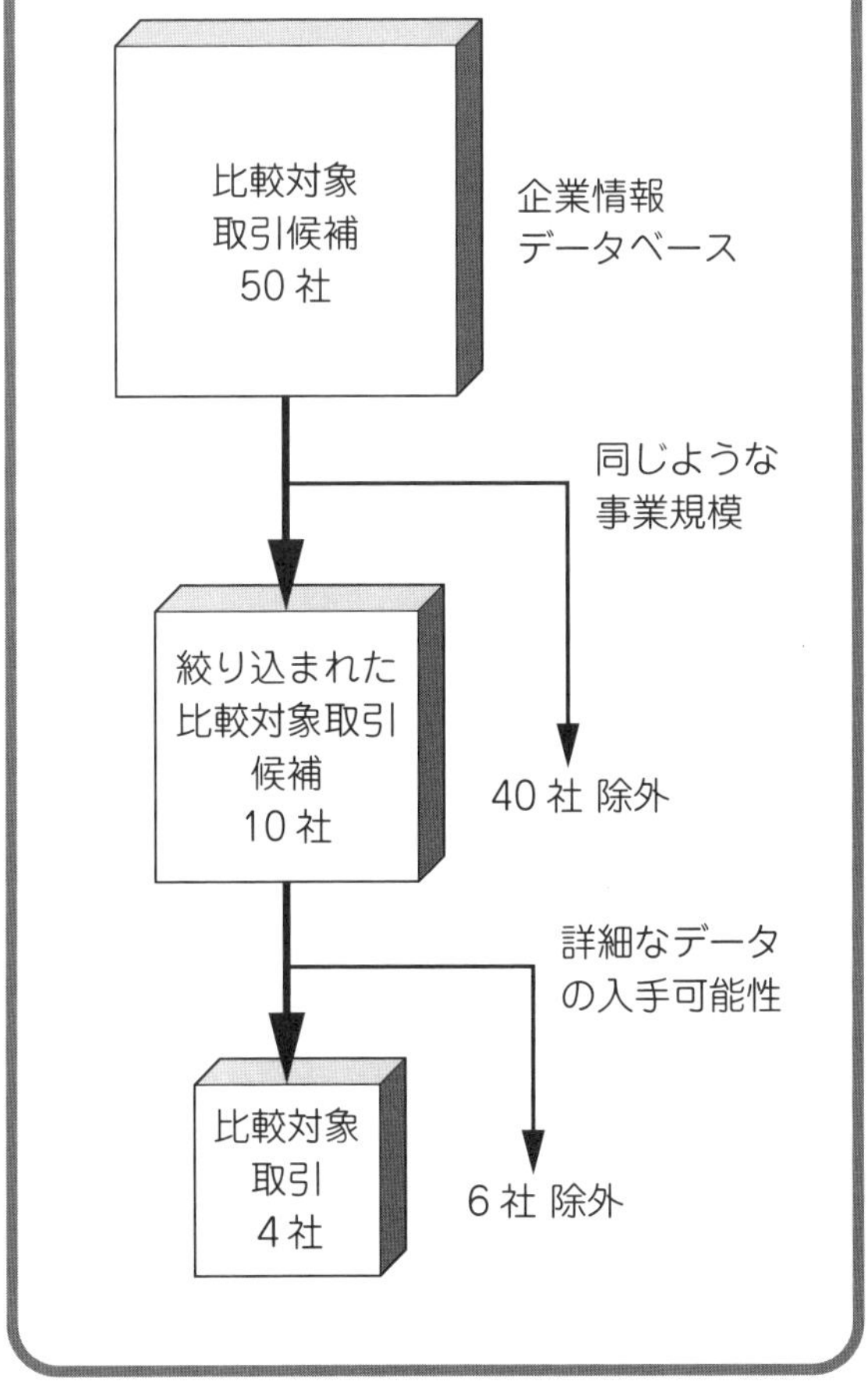

一つひとつ詳しく見ていきましょう。

① **比較対象取引候補の選定はビッグデータを利用してS社と同一の産業分類に属する企業を選定する。**

→納税者および課税当局が選んだ50社におそらく差はないでしょう。

② **データベースを利用して選ばれた50社の基本情報を検討して、類似の販売機能を持つ企業を選定し10社に絞り込む。**

→ここが最初のポイントです。納税者と課税当局で類似の販売機能の判定に対する考え方が異なると、選定された10社の中身が異なってくるのです。

③ **納税者および課税当局はそれぞれ独自に10社の年次報告書等を査閲してさらなる絞り込みをする。**

→②の結果から、その絞り込みの結果選ばれた4社は、納税者と課税当局で一致するとは限りません。もちろん、選ばれた会社が異なれば導きだされる営業利益率も異なります。

④ **その結果、税務調査では納税者が導きだした比較対象企業の営業利益率は否定されて、課税当局が導きだした比較対象企業の営業利益率で更正決定される。**

⑤ **まさに見解の相違が現実のものとなって課税される。**

実際に、移転価格の妥当性に関する「見解の相違」が発生し、訴訟にまで進んだ案件があります。その案件の概要は次のとおりです。

第2回更正決定について【日本ガイシ、85億円の追徴処分取り消し求め提訴】

日本ガイシは25日、国内で計上すべき所得をポーランド子会社に移したとして、名古屋国税局が約85億円を追徴課税した処分の取り消しを求める訴えを東京地裁に起こしたと発表した。国税不服審判所の審査請求で約4億円の還付が認められたが、「全額が取り消されるべきだ」と提訴した。取り消しを求めるのは、国税局が「移転価格税制」に基づき、2015年3月期までの5年間を対象とした処分。日本ガイシは16年にも10年3月期まで4年間の課税をめぐって約62億円の処分取り消しを求めて提訴しており、東京地裁で係争中となっている（2019／12／25　日本経済新聞より）

第1回更正決定について【日本ガイシが160億円申告漏れ　名古屋国税局指摘】

日本ガイシが海外子会社との取引を巡る移転価格税制に基づき、2010年3月期までの5年間で、約160億円の申告漏れを名古屋国税局から指摘されていたことが9日、関係者への取材で分かった。追徴課税は法人税や地方税などを含めて約80億円。日本ガイシは「適正な取引条件のもとで各国の税制に従い、適正な納税を行った」としており、法人税分を納付した上で、課税処分を不服として異議申し立てをした。関係者によると、米国とポーランドの海外子会社が自動車用排ガス浄化装置の部品を製造する際、技術料を日本ガイシに支払ったが、国税局は適正価格より安価にして同社の所得を海外子会社に移したと指摘した（2012／5／9　日本経済新聞より）

納得がいかない見解の相違は、あきらめない

移転価格の設定をたとえ適正に行っていても、税務調査される可能性はあります。そして、更正される可能性もあります。税務調査の結果に納得がいかない場合は見解の相違とあきらめないで、税務争訟の手続きを取ることを勧めます。

第9話 米中貿易摩擦って何？

関税と法人税の違いを理解せよ

米中貿易摩擦（12）を発端にして、さまざまなところで貿易摩擦が生じている。しかし、新聞を読んでいても「貿易摩擦とは何か？」が今ひとつわからないというのが、多くの人の感想ではないだろうか。

北大路もその一人だった。海外事業の責任者である北大路にとって、貿易摩擦を理解することは喫緊の課題である。物知りな杜に聞いてみようと北大路は考え、杜に連絡をとった。

関税も税金

杜先生、最近新聞紙上を賑わしている貿易摩擦について教えてほしいのですが…。

北大路君、貿易摩擦とは関税の引き上げ競争のことです。つまり、貿易摩擦は、関税税率を対抗的にアップする一連の行為がもたらす経済への悪影響が生じることを意味しています。

トランプ大統領が関税を引き上げると言っているのは、追加関税のことで、中国から米国に輸入される製品に課する通常の関税率をさらに25％アップするということでしたが、それに対抗して習近平国家主席が米国から中国に輸入される製品に課する関税を通常の関税率より25％アップするという報復の連鎖が起こっているというのが、現在の貿易摩擦の実態です。
ここで、一つ理解してほしいことがあります。それは、米国から中国に輸出する製品に米国は関税を課さないし、中国から米国に輸出する製品に中国は関税を課さない。つまり輸出関税はないんです。関税とは輸入関税を意味しています。

貿易摩擦は米中特有の問題なんですか。

いや違うな。今はグローバル化の弊害、特に貧富格差が各国で顕著になってきているので全世界的に起こる現象だと思います。社会的に弱者となっている人々にとっては関税障壁を作る貿易摩擦は拍手喝采に値すると思われてますしね。

なるほど。ところで先ほど、「関税税率」っておっしゃいましたよね？　関税は税金なんですか？

関税は税金です。しかし、関税は国内産業を保護する側面もありますので、関税は通商法の側面もあります。租税法と通商法の二面性を図にすると図表9－1のとおりです。

はあ。日本ではコメを生産する農家を守るため、バカみたいに高い関税をコメの輸入に課していることは知っていましたが（13）、関税が税金であるとの意識はありませんでした。

ちなみに、関税は租税法の体系に含まれるものですが、管轄している官庁が異なります。所得税、法人税、消費税等は国税庁が管轄しているのに対し、関税と輸入消費税は税関が管轄してい

図表９－１　租税法と通商法の二面性

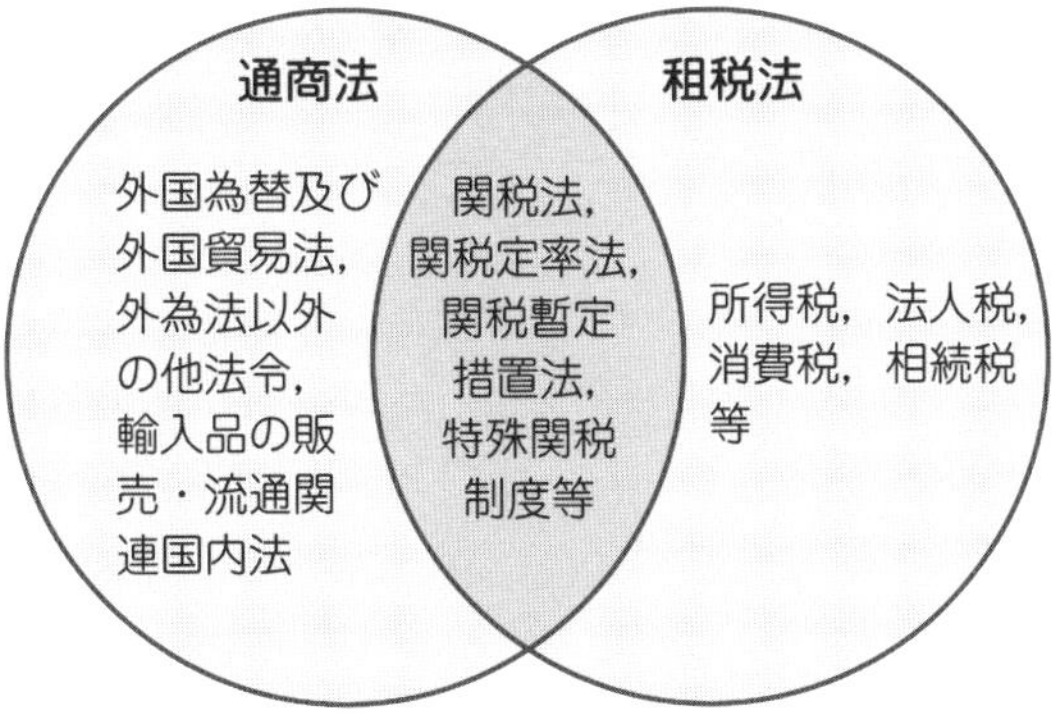

ます。ですから、多くの人が関税を税金と考えていないかもしれませんね。

恥ずかしながら私も関税を税金とは理解していませんでした。

素直でよろしい（笑）。あ、あと大事なことを言うのを忘れていました。

何ですか？

先ほどの米中の追加関税25％の経済的インパクトについてです。法人税との比較で説明しましょう。例えば日本の法人税率は約30％ですから、税率の点からは、法人税のほうが割高です。しかし、経済的には追加関税25％のほうがインパクトは比較にならないくらい大きいです。

？？？　言っている意味がわかりません……。

例えば金額が80の製品を輸入して、１００で販売していたとします。販売に関わる経費は10としましょう。この場合、この製品の販売は10の利益をもたらしますね。そして、当該製品は今まで関税は課されていないとします。

この時、今回追加関税が25％課されるとどうなるか――。

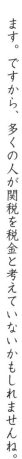

どうなるんですか？

80の製品を輸入した時、追加関税が80の25％、つまり20が課されます。このとき、法人税はゼロです。輸入した製品の利益10が追加関税によってなくなったからです。

関税は20課せられるのに、法人税はゼロ。経済的には追加関税25％のほうがインパクトは比較にならないくらい大きいというのは、関税は輸入代金に対して課せられる税金ですが、法人税は利益に対して課される税金であるからです。この違いが大きなインパクトを生む理由です。

なるほど。よくわかりました。ありがとうございます。

12 米中貿易摩擦 ― 終わりの見えない経済戦争

グローバル化のひずみが顕在化している

「グローバル主義を拒否し、自国第一主義を受け入れる」という風潮は、米国だけでなく経済のグローバル化を進めた多くの国々でも起こっています。こうした国々が自国第一主義へと走る理由には、経済のグローバル化で生じたさまざまな不都合が生じていることがあるように思います。

時計の針を平成の時代の幕開けの時まで戻してみましょう。当時は、グローバル化が広まるにつれ国際的な「分業」が進展し、最適な国や地域において生産活動が行われる世界市場が生まれ、市場は拡大していきました。まさに経済のグローバル化によって人は幸せになると信じていた時代です。

このように当初はグローバル化のメリットを謳歌することができましたが、平成の時代が終わる頃にはグローバル化で次のようなデメリットが顕在化してきました。

- **比較優位性のある地域に生産拠点が移管され、自分たちの職場は消えてしまう**
- **移民が流入するので自国民より安い賃金でそうした人たちを雇用することが可能となる。その結果、自分たちの職場は消えてしまう**
- **グローバル化により全体の富は増大したかもしれないが、その富の偏在が加速化している。社会は今まで以上にごく一部の富める者と多くの貧しい者の格差のある社会になっている**

グローバル化反対の声に終わりは見えない

トランプ大統領を支持している人々は、主に白人の比較的学歴の低い層の人々ですが、それらの人々はグローバル化のデメリットをまともに受けていると言われています。しかし、この現象は米国特有の現象ではなく、グローバル化を受け入れた多くの国々の現象にもなっています。

欧州の主要国であるイギリス、ドイツ、フランスでは移民の権利制限を政治スローガンとして掲げる党が躍進しています。その事実の背景にはグローバル化のデメリットによって辛い立場に立たされた多くの国民の怒りの声があります。

自国第一主義を唱える庶民の怒りの声は、そう簡単には鎮まりません。このような状態ですから、自国経済を守るために関税障壁を作る関税引上げ、そして、それがもたらす貿易戦争は日中のみならず各所で起きるでしょう。

一方、知識人と言われる人々や多くのマスコミは、グローバル化に反対して自国第一主義を唱える庶民の声には聴く耳を持っていません。それでも、グローバル化は必ずしも多くの人々を幸せにしない現実に目を向ける時が来たと思います。

13 FTA／EPA／TPPでビジネスが変わる？

FTA、EPA、TPPの概要は図表9－2のとおりです。

図表9－2　FTA, EPA, TPPの概要

FTA (Free Trade Agreement)	2以上の国(または地域)で物品の貿易等を自由化するために締結する協定のことで，自由貿易協定と言います。
EPA (Economic Partnership Agreement)	経済連携協定と言われています。モノやサービスの障壁撤廃を行うFTAに加え，GATTの枠組みでは規定されていなかった，ヒトの移動，投資，二国間協力を含めた経済連携のことです。EPAは幅広い分野をも含める協定であるため，FTAをさらに一歩進めたものと言えます。
TPP (Trans-Pacific Partnership Agreement)	環太平洋地域の国々による経済の自由化を目的とした多角的な経済連携協定（EPA）で，環太平洋パートナーシップ協定と言われています。TPPにはオーストラリア，ブルネイ，カナダ，チリ，日本，マレーシア，メキシコ，ニュージーランド，ペルー，シンガポール，米国およびベトナムの合計12か国が参加して交渉がスタートしましたが，2017年1月に米国が離脱を表明したことを受けて，米国以外の11か国の間での協定になっています。

日本の**FTA／EPA**に関しては、2001年の日本・シンガポールEPAを皮切りに、シンガポール、メキシコ、マレーシア、チリ、タイ、インドネシア、ブルネイ、ASEAN全体、フィリピン、スイス、ベトナム、インド、ペルー、オーストラリア、モンゴル、TPP11、EU・EPAを結んでいます。

FTA／EPAを締結することで、自由貿易の促進拡大により、スケールメリットや、協定国間における投資拡大の効果も期待されることや、地域間における競争促進によって、国内経済の活性化や、地域全体における効率的な産業の再配置が行われ、生産性向上のメリットも期待されています。

他方、FTA／EPAのデメリットも憂慮されます。FTA／EPAは、協定国間における生産や開発の自由競争や合理化を前提にしています。そのため、日本の国内で競争力があまり高くない産業や生産品目が打撃を受けざるを得ません。

中国の動向と日本のこれから

中国は、2002年にASEANとの全面的経済協力枠組協定を調印しました。この協定は2003年に発効となりました。この協定は、ASEANに対しリーダーシップを握っていると信じていた日本に大きな衝撃を与えました。FTAを政治目的の手段と考える中国は、その後も積極的に交渉を重ねていき、香港、マカオ、台湾、ASEAN、シンガポール、パキスタン、ニュージーランド、等の国・地域と貿易協定を結んでいます。

中国の経済面における存在感が日ごとに増す中、日本、米国の最大の貿易相手国も中国になっています。ただし、日本は中国と貿易協定はありません。日本にとってのもう一つの大きな貿易相手国である米国はTPPから離脱しており、日本は米国、中国とどのような連携をとっていくかが非常に重要になっています。

悪貨は良貨を駆逐するが如く、高品質だけれど値段が高い日本製品は市場から消えてゆく可能性があります。

日本ではコメを生産する農家を守るため、とても高い関税をコメの輸入に課していますがこのことが意味するところは、日本のコメは高品質だけれど値段が高すぎる、ということです。

FTA／EPA／TPPで、国際競争力が弱いコメが打撃を受けることは必至です。経済合理性だけで言えば、競争力のない日本のコメはFTA／EPAの相手国である米国、中国によって駆逐されてしまいます。このような急激な変化によるショックを避けるため、弱者救済のためのセーフティネットの用意は必要でしょう。

一方で、FTA／EPAで、日本が得意とする高付加価値の製品を米国、中国で有利に販売できることになるという利点も忘れてはなりません。

第10話 貿易戦争で生き抜く知恵

迂回取引で制裁関税は避けられるか？

米中貿易摩擦が激しくなるにつれ、柴田が董事長を努める中国の統括会社の成長性にも陰りが出てきた。特に設立した中国製造子会社の稼働率にその影響が出ている。

これを打開するには中国製造子会社の製品を輸出することを検討する必要がある。柴田はそう思い、打開策を考えた。思いつく打開策のフィージビリティ（実現性）を知らなければならない。柴田は杜に連絡を取った。

貿易摩擦を乗り切れる道はあるか？

杜先生、ご無沙汰しています。早速ですが、杜先生の明解なアドバイスを聞きたいので連絡させていただきました。ぜひ教えてください。

おいおい、詳しい話も聞かないで明解なアドバイスは無理だよ（笑）！

米中貿易摩擦が激しくなるにつれて、わが社の中国市場もかなり冷え込んできました（14）。今、わが社の中国統括会社は製造子会社も所有していますが、製造子会社の稼働率を維持する

ことが喫緊の課題となっており、中国統括会社の中期経営計画の改定が必要と考えています。未だ、煮詰まっていない部分がかなりあるのですが、気になることがいくつかあるので、その点について、杜先生のアドバイスをいただきたいのです。

なるほど。私で良ければ喜んでご協力しましょう。

ありがとうございます。まず、これまでの中国市場開拓一辺倒では中国ビジネスの成長に限界が見えています。そこで、うちの製品を米国に輸出できないかと考えました。一つの案は、物流は中国から米国に直接出荷して、商流は中国から日本、日本から米国にするというものです。そうすれば、米国の仕入業者からすれば、日本から輸入することになるので、米中の制裁関税を避けることができるのではと考えました。

いかがでしょう？　そうした可能性について杜先生はどう思われますか？

柴田君の言っていることは、俗に言う「迂回取引」だね。しかし、迂回取引では制裁関税を避けることはできないよ。

えっ、ダメなんですか？

輸入品を通関させるのに必要な書類に原産地証明書があるのは知っているかな？　商流だけを日本にしても、迂回取引では製品に何らの加工も加えられていないので、原産地は中国のまま

です。

例えば、果実とか野菜がそれ自体が最終製品になるので、迂回取引しても原産地は中国のままであるように、同じ製品の商流を変えても原産地は変わらないのです。つまり、柴田君の方法では、中国製品の輸入になるので制裁関税を避けることはできません。

そうですか……。あ、でもそうすると、杜先生、日本である程度の加工をすれば、原産地が中国から日本に変わる可能性があるということですね！

そのとおり！　君もなかなか悪知恵が働くね（笑）。

杜先生、きつい冗談はやめてください。

ところで君の会社のグローバルＳＣＭはどうなっているんだい？

ＳＣＭ？

サプライチェーン・マネジメントのことだよ。ＳＣＭを知らないってことから柴田君の会社の状況が想像できるよ。

ＳＣＭとは開発、調達、製造、発送、販売といった各プロセスでの在庫量や滞留時間などを削減し、顧客に最短かつタイムリーに製品が供給できるようにする施策のことです。柴田君の会社の場合、日本と中国でのＳＣＭが大事になるね。

杜先生、今度はＳＣＭを教えてください！

14 関税と移転価格のハザマに国際ビジネス成功のヒントがある

税関と課税庁は利益相反？

「通関価格が問題にされて更正される関税リスクと移転価格が問題にされて更正される税務リスクは、相反する」ということばがあります。

これはどういうことでしょうか？　輸入製品を例にとって見てみましょう。通関価格が低いほど関税は安くなるので、税関は、輸入業者が意図的に通関価格を低く設定している疑念を有します。

つまり、あるべき通関価格より低い通関価格は、税関当局によって更正されるリスクがあります。

一方、あるべき通関価格より低い通関価格でその製品を海外子会社から輸入していた場合、移転価格が問題になります。移転価格が低いほど、親会社の利益は大きくなり、日本で支払う課税所得も大きくなるからです。日本で支払う課税所得が大きくなるということから、あるべき移転価格より低い移転価格での輸入は、日本の税務当局（課税庁）から歓迎され、更正されるリスクは生じません。

逆に、通関価格が高いほど関税は高くなりますから、税関当局は通関価格を問題にすることはありません。

しかし、移転価格が高いほど、親会社の利益は少なくなり、日本で支払う課税所得も小さくなります。あるべき移転価格より高い移転価格での輸入は、日本の税務当局によって更正されるリスクが生じま

図表 10－1　関税と移転価格の関係

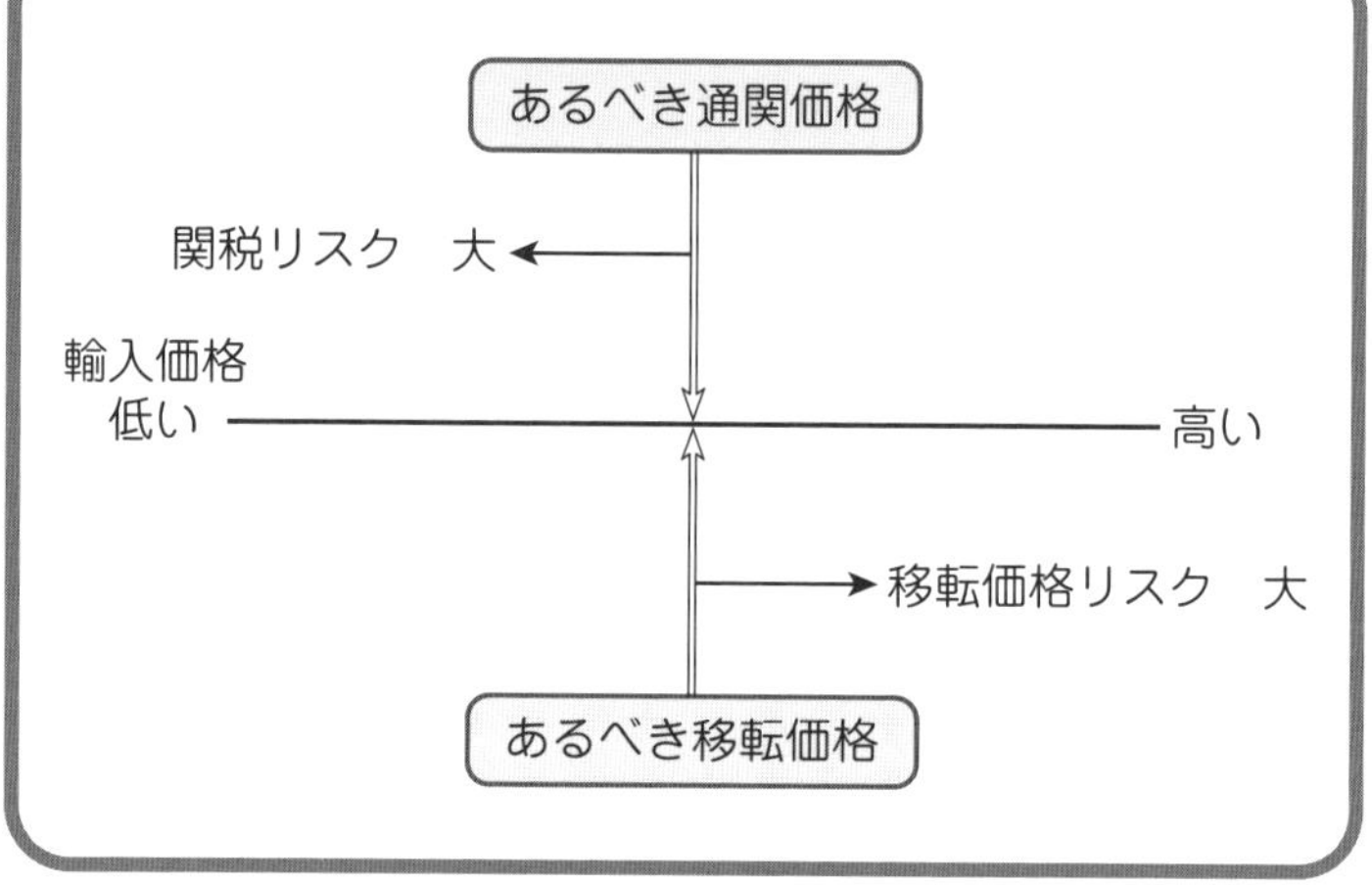

す。

以上の関係をまとめると図表10－1のとおりです。

海外の生産子会社で、低価格・高品質の製品を作り輸入しても、あるべき通関価格、およびあるべき移転価格に対する考慮がなければ課税リスクが生じます。

リスク・フリーの価格があるとすれば、それは、関税と移転価格のハザマにあります。関税と移転価格のハザマに国際ビジネス成功の鍵があるのです。

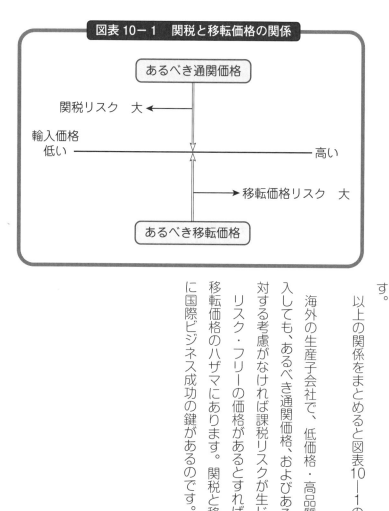

第11話　減損って何だ？

新たな概念「疑似資産」の登場でますます複雑怪奇になるM&Aの評価

減損のリスク

長尾は定期購読している雑誌の中で「疑似資産ランキング」という記事に目が留まった。公認会計士の資格を持つ長尾だが、「疑似資産」という言葉を初めて目にしたからだ。この言葉は既に世の中で認知されているのだろうか？　早速、物知りの杜に聞いてみた。

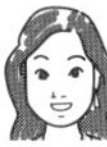

杜さん、疑似資産ってご存じですか？

長尾君、唐突に質問かい（笑）。残念ながらそんな言葉は知らないな。誰かが作った造語のような気がするな。「疑似」の意味は、〝本物でない〟とか〝完全に同じでない〟の意味だから、疑似資産は本物の資産と完全に同じでない資産の意味になるのかな？

雑誌で見た言葉なんですが、その記事では、のれん、無形資産、繰延税金資産等を一括してまとめたものを疑似資産と呼んでいました。

のれん、無形資産、繰延税金資産は立派な資産であって疑似ではないよ。長尾君、雑誌ではどのような説明をしていたんだい？

雑誌には図表11－1のような説明がありました。

図表 11－1　疑似資産とは

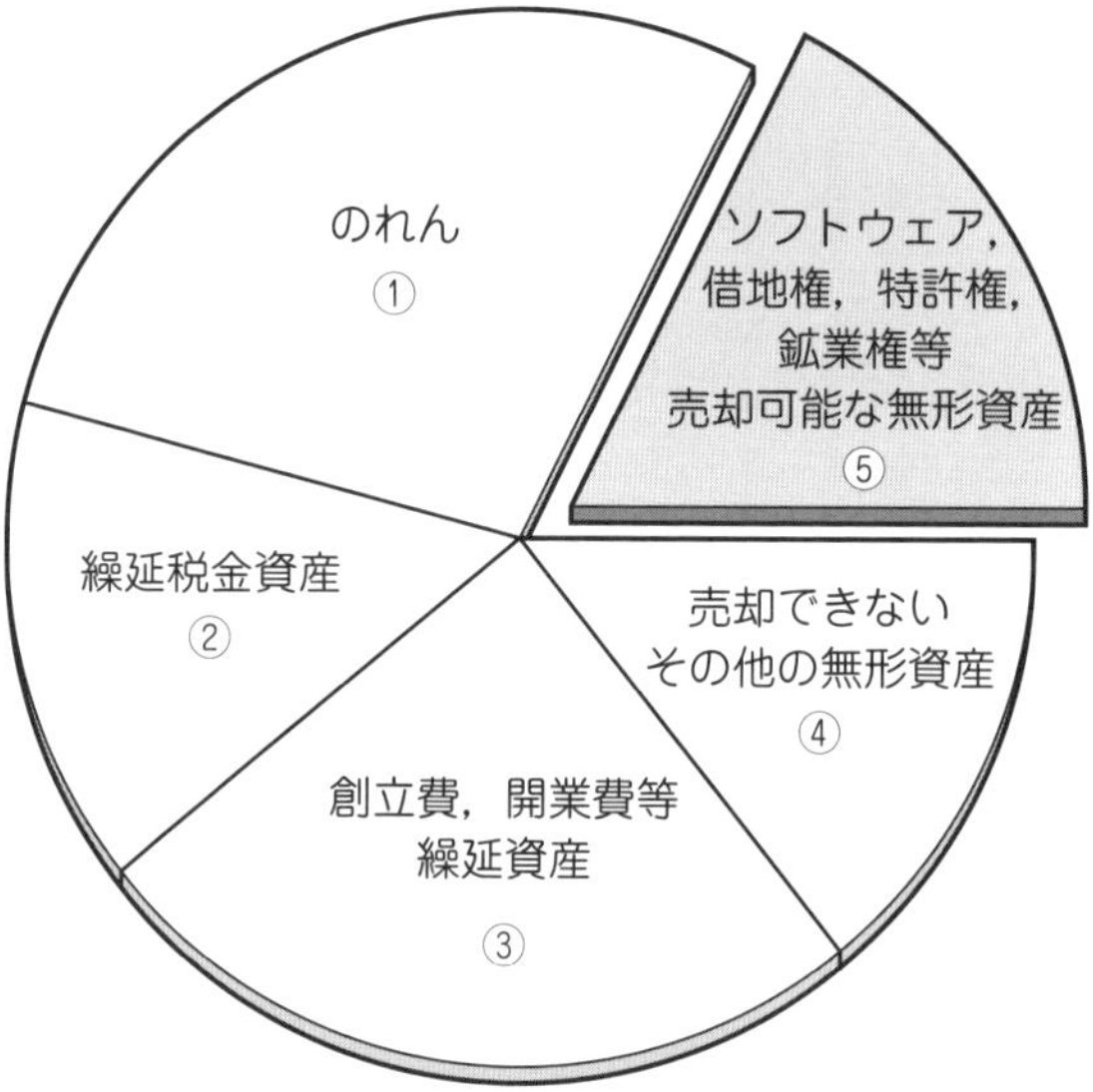

疑似資産 ＝ ① ＋ ② ＋ ③ ＋ ④

疑似資産に⑤は含まれない

（出所）週刊東洋経済 2019 年 12 月 14 日号

長尾は図を利用して疑似資産について杜に説明した。

そうか……。第三者に売却可能な無形資産とそうでない無形資産に区別して、後者に属する、売却できない無形資産を疑似資産と呼んでいるようだね。

興味ある分類で面白いね。しかし、この記事で、疑似資産を多く有する企業を、「問題アリ」という論調で取り上げているのは、少し違和感があるね。

えっ？　どういうことですか？

想像するに疑似資産の大きな会社は、減損リスクが高いから問題アリと記事では考えているようです。しかし、過去に大きなＭ＆Ａを実施した企業は、Ｍ＆Ａの時に買収される会社の超過収益力相当額をのれんとして支払っているので、のれん、つまり疑似資産は計上されることになります。

ただ、買収した会社の超過収益力が目論見どおりであれば、疑似資産の残高が大きくても問題ありませんから、基本的に減損リスクは疑似資産の大小に関係ないわけです。

問題は、目論見どおりに超過収益力が生まれない場合です。その場合は**減損リスク**が生まれます（**15**）。

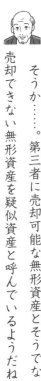

疑似資産を多く保有する会社は減損リスクが高い、と推定することは間違いということですか。

そうです。ただ、投資家や株主の観点からはあながち間違いとも言えないですがね。

投資家や株主は超過収益力が、買収した企業から生まれているか否かを直接知ることができませんので、疑似資産の多寡は減損の蓋然性を示す一つの指標になりますから。

減損が必要かどうかのテストはどのようにするのですか？

減損テストは事業部ごと、子会社ごとに行われます。それら単位ごとのキャッシュフローを計算して、そのキャッシュフローの現在価値を求めます。

求められた現在価値と各事業部、子会社の資産の帳簿価額を比較して、帳簿価額が現在価値を上回っていれば、現在価値まで帳簿価額を引き下げます。

この減損テストの結果の判断は、会社より会計監査人がする場合が多いようです。ですから、経営陣は減損したくなくても、会計監査人から減損を求められ、やむなく減損に至る場合がありますね。

実はわが社の事業部を見渡してみると、すべてが順調というわけではないんです。減損テストが喫緊の課題にならないことを願うばかりかも（笑）。

何だそれは（笑）。あ、あと、税務の観点から大事なことがあります。

それは何ですか？

有税償却と無税償却についてですよ。

えーっと、会計上の費用が税務上損金にならないのが有税償却で、会計上の費用が税務上も損金になるが無税償却、でしたよね？

そのとおり。有税償却を実施することは税の専門家の場合恥だと思うけど、減損はほとんどが有税償却で処理されている。

私から言わせてもらえば、何か知恵がないのかね。会社でM＆Aに関わる人材は必ずしも税務に明るいわけではありませんが、最低限、法人税22条はよく理解する必要があるだろうね。

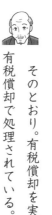

15 減損—日本企業のM&Aはなぜ失敗が多いのか

少子高齢化社会にある日本企業にとって、海外事業のさらなる拡大は今後の成長のために避けて通れないと思います。しかし、日本企業による海外企業のM&Aは巨額の減損が発生しています（図表11－2）。

図表11－2　最近の主なM＆A減損案件

海外企業の買収の多くが失敗

社名	買収先	減損額 計上時期
日立製作所	英原発開発会社	3,000億円 2019年3月期
日本郵政	豪物流会社	4,003億円 17年3月期
東芝	米原発メーカー	7,166億円 16年4～12月期
ソニー	米映画会社	1,121億円 16年10～12月期
NTT	南アフリカ通信会社	488億円 16年4～12月期
LIXILグループ	独・中国水栓金具メーカー	600億円※ 16年3月期まで
キリンHD	ブラジルビールメーカー	1,100億円 15年12月期
丸紅	米穀物会社	480億円 15年3月期

※債務保障損失を含む
＊ＨＤはホールディングスの略

（出所）週刊ダイヤモンド2019年10月26日号
特集「海外M＆A死屍累々の理由」

買手にとって価格交渉に有利なやり方は、売手と一対一で交渉する相対形式です。相対形成の場合、さらにM&A成立後の経営について意見を交わすことも可能です。しかし、日本企業の海外M&A案件は投資銀行から持ち込まれるケースが多く、投資銀行は複数の買手企業に声を掛けますので、買手にとって価格交渉には不利なオークション形式となります。図表11―2の失敗案件はオークション取引による高値づかみとM&A成立後の経営についての意見のすり合わせ不足に原因があると推測されます。

それでは巨額の損失が計上される減損はどのようにして算定されるのでしょうか?

答えは減損テストを通じて算定します。以下では金融庁が作成した「減損会計の手順」を参考に、減損テストを説明します（図表11―3）。

図表11―3の減損テストのフローチャートで大事なのは次の2点です。

- **グルーピング**
- **回収可能価額**

グルーピングとは、「独立したキャッシュフローを生み出す最小の単位にまとめる」の意味です。会計的には「資金生成単位を決める」ということを意味します。

図表11－3　減損会計の手順

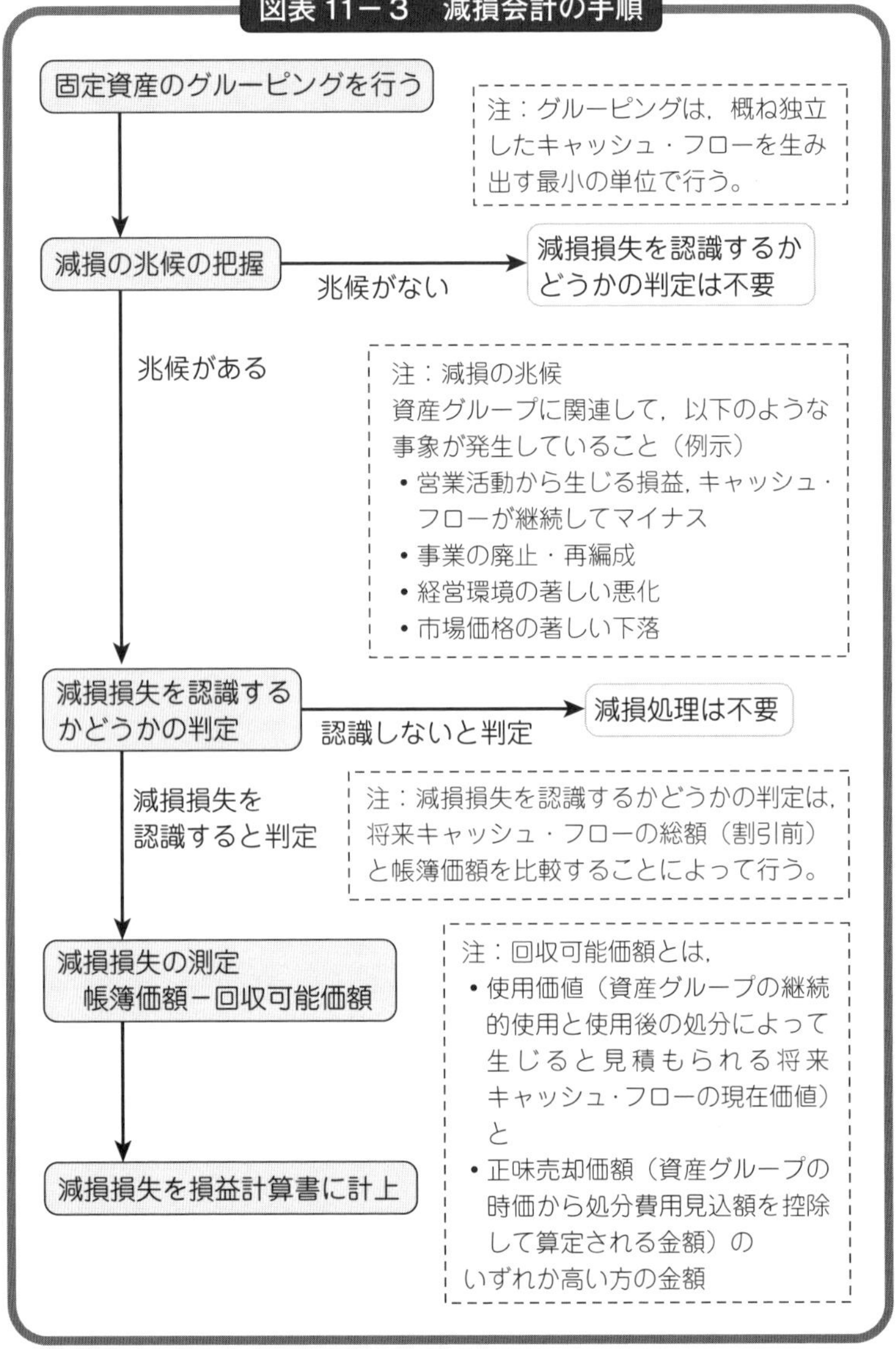
固定資産のグルーピングを行う
注：グルーピングは，概ね独立したキャッシュ・フローを生み出す最小の単位で行う。
減損の兆候の把握
兆候がない
減損損失を認識するかどうかの判定は不要
兆候がある
注：減損の兆候
資産グループに関連して，以下のような事象が発生していること（例示）
• 営業活動から生じる損益，キャッシュ・フローが継続してマイナス
• 事業の廃止・再編成
• 経営環境の著しい悪化
• 市場価格の著しい下落
減損損失を認識するかどうかの判定
認識しないと判定
減損処理は不要
減損損失を認識すると判定
注：減損損失を認識するかどうかの判定は，将来キャッシュ・フローの総額（割引前）と帳簿価額を比較することによって行う。
減損損失の測定
帳簿価額－回収可能価額
注：回収可能価額とは，
• 使用価値（資産グループの継続的使用と使用後の処分によって生じると見積もられる将来キャッシュ・フローの現在価値）と
• 正味売却価額（資産グループの時価から処分費用見込額を控除して算定される金額）の
いずれか高い方の金額
減損損失を損益計算書に計上

（出所）金融庁の資料「減損会計の手順」より

M&Aの場合、資金生成単位は買収した会社になります。例えば、日立製作所の場合は英原発開発会社、日本郵政の場合は豪物流会社が資金生成単位となります。

回収可能価額は資金生成単位が生み出す将来キャッシュフローの現在価値です。そして、減損は次の算式で算定されます。

減損損失 ＝ 資金生成単位の簿価 － 回収可能価額

多くの日本企業は、M&Aの時、買収される会社の超過収益力相当額をのれんとして支払っています。想定した超過収益力が買収後実現されれば、回収可能価額はのれんの簿価以上になるはずです。しかし、現実は大きく違ったことが実例で示されています。

第12話 杜と北大路、銀座で飲む

税法条文と通達の解釈は同じとは限らない

税法条文と通達の解釈は同じとは限らない

ある日、自分の部長昇進の時に、杜が食事に誘ってくれたことを思い出した北大路は、杜を食事に誘うことにした。場所は東銀座にある居酒屋の名店である。

しばし歓談の後、話題は好きな女優の話になった。

ところで杜先生、好きな女優さんはいますか？

檀れいがいいね。彼女が出演した『武士の一分』を見て彼女を好きになったんだ。ただ、その後はテレビのコマーシャル出演以外あまり作品に恵まれていないようだね。北大路君が好きな女優はどうなんだい？

前から好きだったわけではないのですが、常盤貴子ですね。

それはどういう意味かな？

久しぶりに彼女が主演するテレビドラマを観たんですが、良い味出していたんですよ。

へぇー。そういや彼女は、昔は連ドラの女王と呼ばれていたよね。

そうだったんですか。それは知らなかったです。

で、君が観たドラマはどんな内容？

専業主婦が16年ぶりに弁護士業務を再開し、様々な事件を解決して行くというドラマです。夫の裏切りによって人生が一変した彼女が弁護士事務所のアソシエイトになるところからスタートするんですよ。

それは面白そうだね。

このドラマでは、弁護士事務所のパートナーの指示で事件に関わる情報収集、資料の作成に汗を流す姿と、次第に法廷で丁々発止のやり取りができる姿を演じる常盤貴子が良かったんですよ。

ところで、そのドラマの法廷は刑事事件のようだけど、**税務訴訟**（🔑**16**）は全く様子が違うのを知っているかい？

いえ。税務訴訟ってどんなのですか？　見当が全くつきません（笑）。

一言で言うと、税務訴訟ではドラマのように丁々発止のやり取りが法廷でなされることはまずなくて、ほとんどが書類のやり取りで裁判が進みます。

初めに原告である納税者が争点をまとめた資料と証拠書類を裁判所に提出して、裁判所から被告である課税当局に原告の論点等が伝えられます。そして、その論点に対して被告は反論書を裁判所に届けます。

それら書類のやり取りを裁判所、原告、被告との間で何回か繰り返した後、裁判所の判断が下されます。丁々発止のシーンが全くないから、税務訴訟をドラマ化するのは非常に難しいでしょうね（笑）。

へぇー、そうなんですか！　ドラマだったら役者は見せ場がなくてやる気が出ませんね。

ハハハ。でも実際の税務訴訟は理不尽な課税に対して戦うこと、そしてその戦いに勝利することができれば、何ものにも代え難い快感もありますよ。

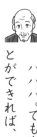

そういえば、杜先生は、お仕事で税務調査に立ち会われることがあるのでしたよね。税務調査で理不尽な課税をされているなと思うこともあるのですか？

ありますよ！　特に通達の取扱いで、理不尽な課税が生じる場合があるんです。

通達の取扱い？　どういうことですか？

法人税基本通達とか個別通達という言葉を、聞いたことはありませんか？

詳しい中身は知りませんが、聞いたことはあります。

通達は課税当局としての解釈を税務署職員に知らせるもので、いわば、課税庁の内部文書で法的拘束力はありません。

ただ、実際の税務調査では通達行政がまかり通っています。私自身の経験ですが、税法の条文解釈と通達の解釈が違っているケースがありました。この時、税務調査官は税法の条文解釈を無視し、通達の解釈を優先させて多額の更正をしてきました。

このような課税に対しては厳然と立ち向かう必要があります。ですからその事案では納税者に税務訴訟を勧めました。有難いことに納税者は裁判所への提訴に踏み切りました。結果は納税者勝利の判決になりました。

杜先生ってなかなかガッツがあるんですね！　外柔内剛、意外です！

北大路君、難しい言葉を知っているね（笑）。

杜先生、今夜の話は、憧れいとか常盤貴子の話とはかけ離れた展開になりましたね！　でも、面白かったです。……では熱いところをもう一杯どうぞ。

16 税務争訟は税理士と弁護士の「ワンチーム（One Team）」で

税務署長が行った更正などの課税処分や差押えなどの滞納処分に不服がある時の一連の手続きを**「税務争訟」**と呼びます。その手続きの流れを示すと図表12－1（120ページ）、12－2（121ページ）のとおりです。

図表にあるとおり、「税務争訟」の手続きには**「再調査の請求」**、**「審査請求」**、**「訴訟」**の三段階があります。

納税者が税務争訟を行うにあたって大事なことは、弁護士を関与させるタイミングです。「再調査の請求」、「審査請求」は税理士が納税者の代理人になれますが、「訴訟」では税理士が納税者の代理人になることはできません。

訴訟には弁護士が必要となります。ですから税務争訟のどの段階で弁護士を関与させるかが大事になってきます。私見ですが、弁護士の関与は税務争訟のできるだけ早い段階が望ましいでしょう。

図表12－1　税務争訟の手続き①

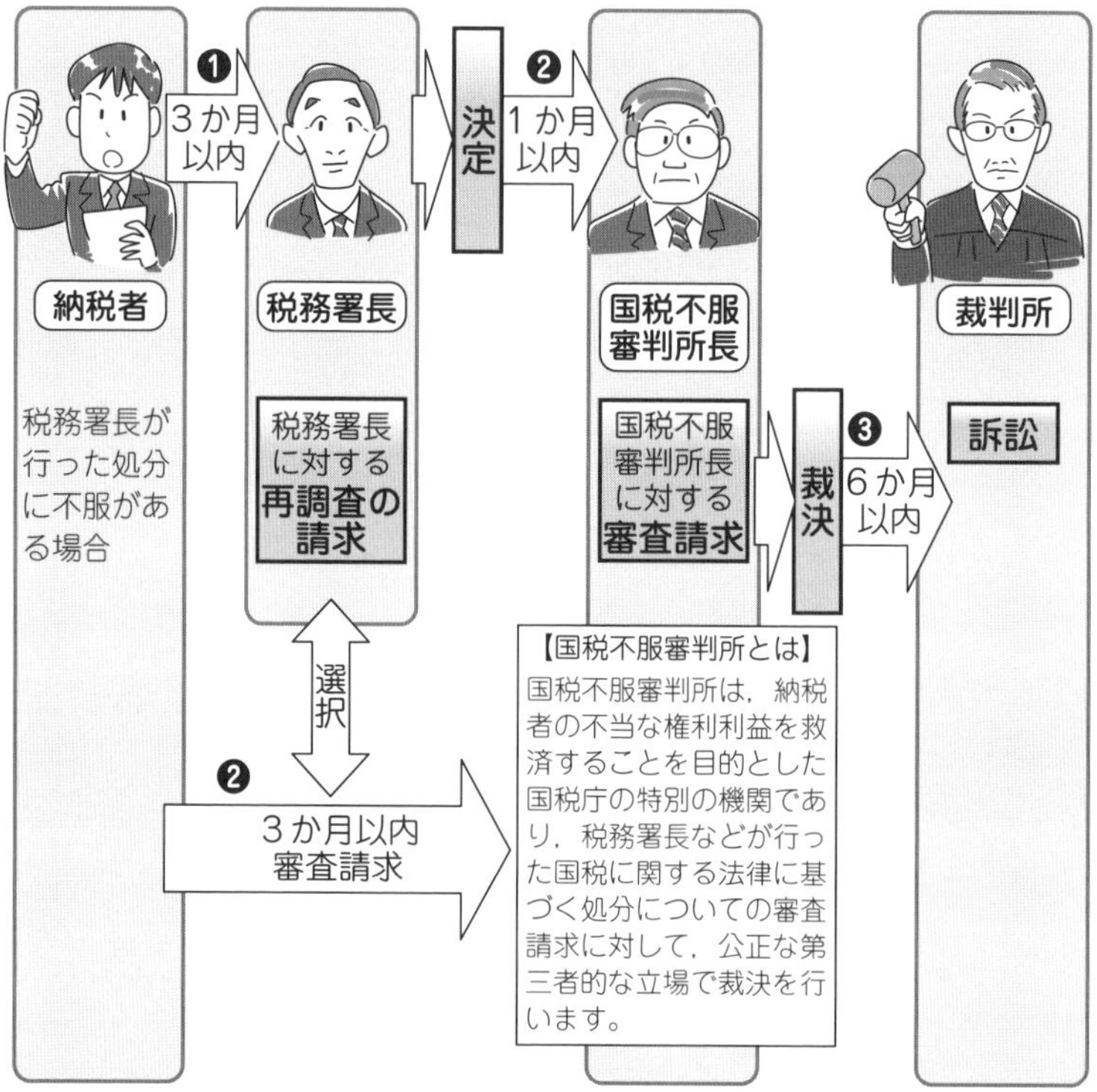

以内

【国税不服審判所とは】
国税不服審判所は，納税者の不当な権利利益を救済することを目的とした国税庁の特別の機関であり，税務署長などが行った国税に関する法律に基づく処分についての審査請求に対して，公正な第三者的な立場で裁決を行います。

注❶：再調査の請求から3か月を経過しても再調査の請求に係る決定がない場合には，国税不服審判所長に対して審査請求を行うことができます。

注❷：審査請求から3か月を経過しても裁決がない場合には，裁判所に訴訟を起こすことができます。

注❸：災害等の理由により再調査の請求又は審査請求をその期限までにできないときは期限が延長されます。

（出所）国税庁のホームページをもとに作成

1か月
以内
納税者
税務署長

税務署長が
行った処分
に不服があ
る場合
税務署長
に対する

に対する

6か月
以内

選択

3か月以内

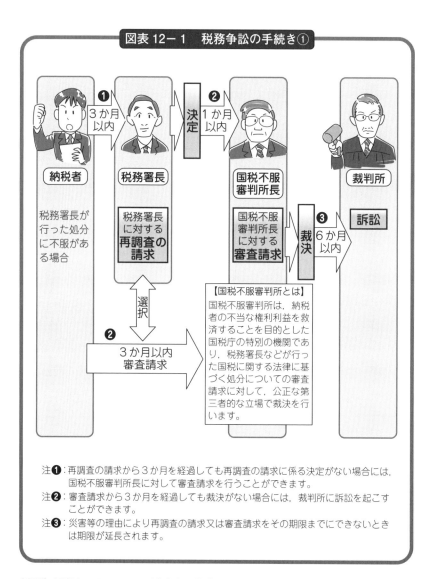

図表 12－2　税務争訟の手続き②

再調査の請求	税務署長が行った更正などの課税処分や差押えなどの滞納処分に不服があるときは，処分の通知を受けた日の翌日から３か月以内に，税務署長に対して「再調査の請求」を行うことができます。「再調査の請求」による再調査は課税処分をした税務署が行うため，課税処分が覆ることはあまり期待できません。
審査請求	再調査の請求の決定に不服があるときは処分の通知を受けた日の翌日から１か月以内に国税不服審判所長に対して「審査請求」を行うことができます。また，この再調査の請求を経ずに，直接国税不服審判所長に対して税務署長からの処分の通知を受けた日の翌日から３か月以内に審査請求を行うこともできます。 「審査請求」に基づく審理は，税務署とは別組織である国税不服審判所が行うため，課税処分が覆る可能性は出てきます。
訴訟	審査請求での国税不服審判所長の処分に不服があるときは，その通知を受けた日の翌日から６か月以内に裁判所に「訴訟」を起こすことができます。 税務訴訟は国を被告とする訴訟です。訴訟はまず地裁において審理され，そして裁判所の判断が下されます。その結果に不満があり，かつ上訴に耐えると判断されれば，敗訴した側から高裁に控訴がなされます。そして高裁において審理され，裁判所の判断が下されます。さらに高裁の判断に不満があり，かつ上告理由ないし上告受理申立て理由があると判断され，かつ未だに訴訟遂行意欲と能力が高いとなれば，敗訴した側から最高裁に上告することができます。

第13話 税金はコントロールできるコストか

リスク・コスト均衡の法則

税金コストを減らせば税務リスクが増える?

ＣＦＯ（最高財務責任者）は、財務や経営管理に対して高い知見を持つ経営者の一人である。それゆえＣＦＯには戦略立案に積極的に関与する必要が求められている。現在執行役員ＣＦＯである長尾は自分も経営者の一人として会社経営に参画する必要があると考え毎日を過ごしている。

今、長尾が自分に課している経営課題は「ＲＯＥを10％超にする」である。

ＲＯＥを高くするとは、「投下資本を増やさないで当期純利益を増やす術を考える」と同義である。社長をはじめとした経営陣は経常利益をいかに増やすかの議論には積極的に参加するが、当期純利益をいかに増やすかの議論には戸惑いがある。

当期純利益を増やすには税金を減らせば達成できるが、果たして税金はコントロールできるコストなのか――。経営陣の戸惑いを長尾は感じている。

税金はコントロールできるコストであると信じる長尾は、杜とブレインストーミングをしてこの点を確認したいと考えた。

杜さん、私がCFOとして自分に課している経営課題は「ROEを10%超にする」ということはお話ししましたっけ？　この数値を自分の評価のKPI（重要業績評価指標）にしています。

立派だねぇ。で、君の会社のROEはどれぐらいなんだい？

今、6%です。これを10%に上げるには連結実効税率を下げる必要があります。

わが社の連結実効税率は40%近くですが、これを25%ぐらいまで下げることができれば、目標のROE10%を達成できると考えています。

でも、連結実効税率40%を25%まで下げるには、支払税金をドラスティックに削減する必要があります。そこで杜さんのアドバイスをお聞きしたいのです。どうしたら支払税金をドラスティックに下げることができるでしょうか？

おいおい……。急に数値を並びたてられても困るよ！　私は君の会社の内情に通じていない部外者なんだから。

失礼しました。思わず監査法人時代の会話になってしまいました。

長尾君、君も案外ストレスを抱えているようだね。わかりました。今日は君の求めている回答の手立てとなるようなことをお話ししましょう。

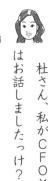

ありがとうございます。どのような話でしょうか？

税金コストと税務リスクの話です。私は税金コストと税務リスクは表裏一体だと考えています。

まず、税金コストについてですが、税金コストを下げるためには現状分析が大事です。現状分析をすることで余分な税金を支払っていないかがわかります。その分析の結果、改善できるところがあれば改善していきます。「改善できるところがあれば改善する」というのは、「タックス・プランニング」と言っていいでしょう。

「税金をごまかす」はタックス・プランニングではありません。これは脱税という犯罪です。バレなければ問題ないという考えは改める必要がある。ここまではいいですか？

杜さん、「バレなければ問題ない」なんて考えは私は持っていません。ちょっと失礼ですよ（苦笑）。

ゴメンごめん！

税金コストについては、何となくわかりました。税務リスクのほうはどういうことですか？

税務リスクは、大きく、

- **税務調査で追徴課税されるリスク、その後の手続きに要する対応コスト**
- **税務調査の内容が新聞・雑誌等において報道されることによるネガティブパブリシティのリスク**

の2つに分かれます。

なお、一つめの税務リスクの、「その後の手続き」とは異議申立て、審査請求、税務訴訟を意味しています。また、二つめの税務リスクは広報が対応すべき分野です。

で、税務リスクとは何か、それを簡単に言うと、納税者の主張・解釈が税務調査で認められないリスクです。

納税者の主張・解釈が税務調査で認められない場面で多いのが、評価の取扱いに関するものです。例えば、ある得意先の売掛金が長期滞留債権になったので、納税者がその売掛金は回収できないと判断して貸倒損失を損金算入して申告した場合、後日の税務調査で当該貸倒れが認められない可能性があります。これがこの場合の税務リスクです。

ちなみに、貸倒損失は顕在化する可能性が高い税務リスクの一つです。多くの場合、税務調査官は貸倒れを確定した損失ではなく、あくまで納税者の判断での引当であるから認められないと判断します。

貸倒損失は税務リスクが高いのですね。

多くの場合そうです。ただし、得意先が法的整理の手続きを開始するまで貸倒損失を認識すべきでないという通達の考え（法人税基本通達9—6—123）に従えば、税務リスクはないと考えることもできます。

ここで理解してほしい大事なことは、通達に書かれていることに従うのか、貸倒れの蓋然性を慎重に調べて経営的に判断した結論を取るのか——。どちらの税務ポジションをCFOが取るかによって税務リスクの大小は異なるということです。

さて、長尾君はCFOとして税務に関してどのようなポジションを取りますか？

企業が負っている税務リスクと企業が負担すべき税金コストとの均衡が取れている状態を探す、ということかと……。

素晴らしい！　それが**税の最適化モデル**（**17**）の構築です！　そのモデルができたら是非教えてください。

17 税の最適化モデル―税務リスクと税金コストを均衡状態にするモデル

税務リスクと税金コストは負の相関関係にある

著者は、税の最適化モデルとは、企業が負っている税務リスクと企業が負担すべき税金コストが均衡している状態にあるか否かを示す線形モデル（線形モデルの縦軸が税金コスト、横軸が税務リスク）であると考えています。

この線形モデルでいう税金コストは、現実に企業が支払う税額の多寡です。税務リスクに関して、直観的にわかるのは、常にたくさん税金を支払う納税者に税務当局が辛くあたることはない、ということです。逆に普段から税金の支払いが少ない納税者に対しては厳しい態度で税務調査に臨みます。

次に税務リスクですが、税金をごまかしてバレるかもしれないリスクはここで議論する税務リスクではありません。税金を誤魔化すことは犯罪ですので問題外です。

ここで議論する税務リスクは、納税者の主張と解釈が、税務調査官の事実認定と解釈が異なることから発生する追徴課税のリスクです。

多くの納税者に起こりうる税務リスクは貸倒損失の取扱いでしょう。この取扱いは納税者と税務調査官の解釈に必ずと言ってよいほど齟齬が生じるからです。得意先からの売掛金の回収が滞った時、その金銭債権の全額が回収不能となったと判断する時点は税務調査官によりさまざまです。形式重視（通達の文言重視）の調査官、税法の条文解釈重視の調査官、税法の論理解釈重視の調査官がいます。

一方、納税者は得意先の経済的事情、取り巻く経済環境、回収可能性に関する社会通念に従ってその金銭債権の回収可能性を総合的に判断すべきです。

税の最適化はどこにある？

図表13－1は税金コストと税務リスクの関係を示したものです。

先ほど例に挙げた貸倒損失において形式重視の調査官の立場を斟酌したポジションを取るのであれば、図表中①の「税務リスクを低くすることを優先」になります。実質重視のポジションを取るのであれば、均衡する地点は右に移動します。納税者が取る税務戦略により様々な税務最適の状態があります。

図表13－1　税の最適化モデル

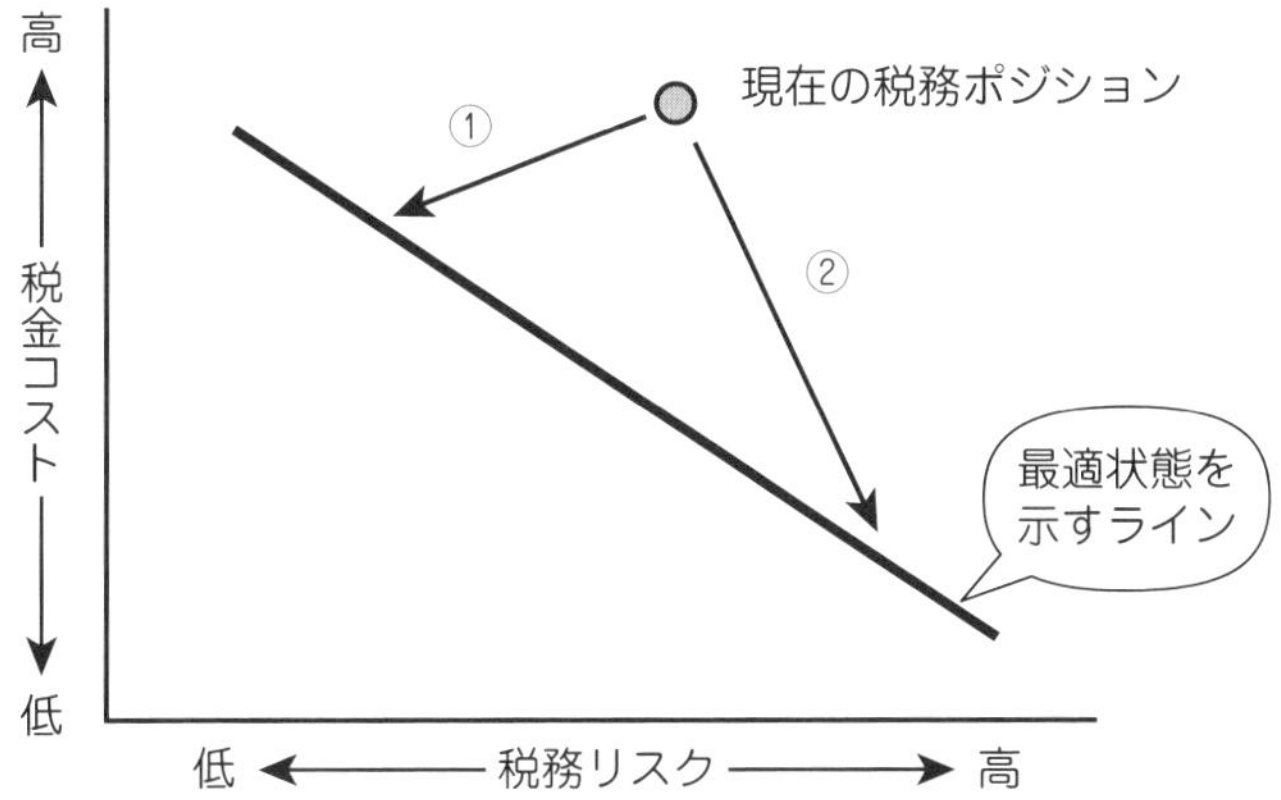

現在の税務ポジション：税務リスク分析をしていないので
必要異常に税金コストが高い

税務戦略①：税務リスクは低くする戦略。
さらに税金コストもある程度低減させる

税務戦略②：ドラスティックに税金コストを削減する
戦略。しかし税務リスクは高くなる

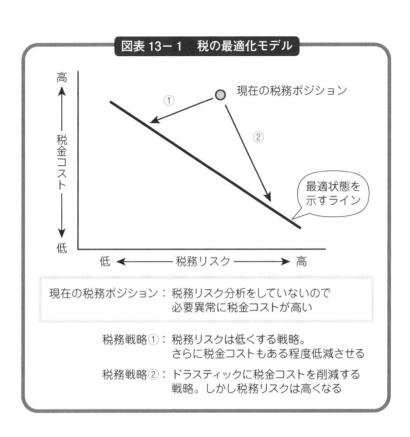

第14話 親会社で利益を計上することは馬鹿げている

外国子会社配当益金不算入について

在外子会社の税率差は、国際税務戦略の巧拙がわかる指標

北大路は強引とも言える方法で日本の親会社で利益が計上される施策をとり続けていた。そして、その施策がうまくいっていることに満足していた。

ある日、長尾から突然の電話があった。

もしもし。北大路君、こんにちは。

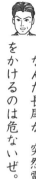

なんだ長尾か。突然電話してきて、まさかデートの誘いじゃないだろうな。妻子ある男性に声をかけるのは危ないぜ。

バカ言わないで。そんなのじゃないのよ！　ちょっと知りたいことがあってあなたの会社の有報を調べていたんだけど――。

有報って？

知らないの？　有価証券報告書よ。

読んだことないな。

将来、取締役になるのなら有報ぐらい読んでおきなさいよ。

はい、はい。で、用件は？

あなたの会社の有報を読んでて気になることがあったので電話したのよ。

有報も知らない人間に質問するっておかしくないか？

あなたは会社の中国ビジネスの担当部長でしょ。有報の連結財務諸表の脚注を読んでいたら、疑問が出てきたんだけど、その疑問を尋ねる適任者が北大路君だと思ったから電話したのよ！

ますますわからないな。

有報の脚注の『税効果関係』と『セグメント情報等』で不可解なことがあったのよ。
柴田君が中国で董事長として大活躍、中国ビジネスの売上も順調に伸びていると聞いているのに、在外子会社の税率差に関する開示が全くないじゃない。

何が不可解なんだ？

「在外子会社の税率差異」（18）って言葉は聞いたことはある？

いや……。

これは、日本より税金の安い国で利益が計上されている、という意味よ！
北大路君の会社を例にとれば、法人税率が日本より安い中国でたくさん利益を上げている、という意味になるわ！　でも、現実はその開示がない。だから中国ビジネスは赤字であると推測される。今まで聞いていた柴田君の話とかなり違うストーリーで納得いかないから、中国ビジネスの担当部長である北大路君から話を聞きたいと思ったのよ。

やっと俺に電話してきた理由がわかったよ！　でもご心配なく。中国ビジネスは大成功だよ。
売上は順調に伸びているし、利益水準も満足するレベルだ。利益は日本に集中するようにして

いるから、その「在外子会社の税率差異」の開示がないのは仕方がないということだろうな。

よくわかったわ、ありがとう！　でも、利益を日本に集中させる愚に気付かない北大路君は、案外、「まるドメの人」ね。

「まるドメ」って、長尾も案外古い人間だな……。

18 在外子会社の税率差異で国際税務戦略の巧拙がわかる

在外子会社の税率差異で、グローバルな節税対策の成否がわかる

国際税務戦略の巧拙は企業の有価証券報告書の財務諸表の脚注「法人所得税」を読むことでわかります。具体的には、「在外子会社の税率差異」を見るのです。「在外子会社の税率差異」は、日本より少ない税金の支払いで留保した在外子会社の利益があるというメッセージです。

日本電産とユニ・チャームの2社を例に、税金に関わる脚注情報を見てみましょう（図表14－1、14－2）。

日本電産の場合、直近事業年度での実効税率は19.8%です。これは法定実効税率30.5%より10.7%低いです。

日本電産の実効税率を下げている調整項目がまさに「在外子会社の税率差異」で、その差異は10.3%もあります。これが意味するところは、日本電産はグローバルな視点での節税対策が成功しているということです。著者の知る限りですが、これほど国際税務戦略がうまくいっている会社はおそらくないと思います。

ユニ・チャームの場合、直近事業年度での「在外子会社の税率差異」が3.2%です。この率は日本企業としては平均点以上です。ユニ・チャームの国際税務戦略もうまく機能していると推察されます。

図表 14－1　日本電産脚注

NIDECは，所得に対する種々の税金を課されており，当連結会計年度における国内の法定実効税率は約30.5％となりました。法定実効税率と連結損益計算書上の法人所得税費用の実効税率との差異の内容は次のとおりであります。

	前連結会計年度 (自　2017年４月１日 至　2018年３月31日)	当連結会計年度 (自　2018年４月１日 至　2019年３月31日)
わが国の法定実効税率	30.8%	30.5%
税率の増減要因		
海外子会社での適用税率の差異	△9.6%	△10.3%
未分配利益に係る税効果の影響	0.6%	△0.2%
繰延税金資産の回収可能性の評価による影響	0.8%	0.8%
外国税額控除	△0.3%	0.0%
税率変化による繰延税金の変動	△2.2%	0.0%
試験研究費等税額控除	△0.9%	△0.7%
その他	0.4%	△0.3%
連結損益計算書上の法人所得税費用の実効税率	19.6%	19.8%

図表 14－2　ユニ・チャーム脚注

当社グループの法定実効税率と，実際の負担税率との関係は以下のとおりであります。なお，法定実効税率は，日本における法人税，住民税及び事業税に基づき算定しております。また，在外子会社につきましては，その所在地における法人税等が課されております。

	前連結会計年度 (自　2017年１月１日 至　2017年12月31日)	当連結会計年度 (自　2018年１月１日 至　2018年12月31日)
法定実効税率	30.9%	30.9%
未認識の繰延税金資産の変動	0.3%	0.7%
受取配当金等	0.7%	0.5%
海外税率差異	△4.7%	△3.2%
税制改正による影響	△0.8%	0.3%
税額控除	△1.0%	△3.6%
未分配利益に対する税効果	11.1%	0.2%
その他	1.5%	0.8%
実際負担税率	38.0%	26.5%

CFOこそ経営的センスが問われる

「在外子会社の税率差異」は、わが国法人税の外国子会社配当益金不算入制度のもたらす効果によって生じる差異です。

外国子会社配当益金不算入制度は、外国子会社の利益の日本国内への資金還流を促進する観点から導入されたもので、今後の内外の人口増減を踏まえると海外市場の成長は、わが国市場と比べて大きなものとなることは不可避なことから、その成長の果実を国内の豊かさに結びつける好循環の確立を意図しています。

外国子会社配当益金不算入制度の適用対象となる外国子会社は、通常、内国法人が外国法人の発行済株式等の25%以上の株式等を有している場合、その外国法人が適用対象となります。

この制度を利用できるようになったことにより、日本より実効税率の低い国に在外子会社を設立し、そこでの事業活動を行うことが魅力的になります。日本より少ない税金の支払いで留保した在外子会社の利益は、後日、日本に配当しても課税されないからです。つまり、獲得した利益を在外子会社に留保することで節税が図れます。

税金の観点から考えると日本で事業展開するより、税率が低い国で海外事業展開することが有利になります。日本の近隣諸国を見ると、中国、韓国、インドネシア、ベトナムの実効税率は25%前後で、香港、シンガポールの実効税率は20%以下です。この差は大きいです。ただし、海外事業を営むにあたって留意すべき点があります。それは不確実性が今まで以上にあるということです。

21世紀に大きな経済成長が見込まれるのが、ブラジル・ロシア・インド・中国の4か国（BRICs）と言われていますが、一方で対外負債が大きいことから不安視された五つの新興国、フラジャイル5（Fragile 5：ひ弱な5カ国）の問題も注目されています。

フラジャイル5とはブラジル・インド・インドネシア・南アフリカ・トルコの5か国です。BRICsでもあり、Fragile 5でもあるブラジル、インドは経済成長はするが、経済破綻のリスクも想定される、といえるかもしれません。

そのような将来が不確実である状況だからこそ、CFOに求められるのが経営的センスです。例えばインドの実効税率は日本とほぼ同等かそれ以上です。節税の観点からインド事業は勧められません。さらにインド経済の不確実性を考えると多額な投資は避けたいです。

そこで一案として製販分離での事業展開が考えられます。製造機能はタイの子会社に、販売機能はインドの子会社に与えることで一挙両得の結果を得られる可能性があります。いずれにしてもCFOに期待されるのは、海外事業展開するにあたって中心的役割を果たすことです。

最終話 茶話会に一同が会する

将来のストーリーに思いを巡らす

真のグローバルプレイヤーに求められるもの

長尾は思うところがあって、杜、柴田、北大路を茶話会に招待した。

茶話会にしたのは、飲み会にすると酒の勢いで、堂々巡りの議論になってしまうことを恐れたからだ。

土曜の午後、4人は六本木のあるホテルに集まった。

今日はお忙しい中、お集まりいただきありがとうございます。

柴田君、北大路君、そして私達3人は既にサラリーマン人生の半ばに差し掛かっています。何か大事な時期に来たような気がします。丁度、柴田君も北京から一時帰国しています。そこで我々の共通の師である杜先生を囲んでよもやま話をしたいと思った次第です。

なお、本日の茶話会のモデレーターは杜先生にお願いしました。

長尾君、そんな堅苦しい挨拶はダメだよ。我々は知らない仲ではないんだから……。

はい。すみません。

ああ、それから茶話会に場違いだと思うけど日本酒を一本差し入れします。この日本酒はケーキとのマリアージュ、特にモンブランとは相性が良いんだ……。

杜先生、ダメでしょう（笑）。

長尾君、「杜先生」はヤメにして、いつものように「杜さん」と呼んでください。

わかりました！

では茶話会をはじめますか。初めに3人に考えてほしいことがあります。真のグローバルプレイヤーとはどんな人材だと思いますか？　私自身は、真のグローバルプレイヤーとは「どんなところに行ってもコミュニケーションが取れる人物」だと考えています。君達は自分をグローバルプレイヤーだと思いますか？

私は、北京に駐在しているという点から考えればグローバルプレイヤーだと思っていますが、「真の」と言われると自信がないです。杜先生の言う「どんなところに行ってもコミュニケーシ

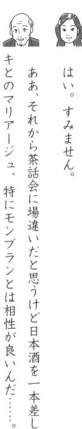

ヨンが取れる人物」にも、未だになれていないですし。

コミュニケーションという観点から見ると語学力は大事だと思うけど、グローバルプレイヤーの資質はそれだけではないと思います。

自分は胃袋力も大事だと思います。私は広州に駐在していたけど、その時つくづく思ったことは、現地ではその土地の料理を食べることが大事だということです。海外に出ても日本食レストランに入り浸りでは現地の人とコミュニケーションを取る術を学ぶ機会がないですから。

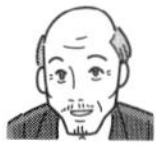

北大路君の胃袋論は面白いね。

私は多言語が話せるマルチリンガルではないですが、レストランで必要とする程度の簡単な会話はイタリアに行った時はイタリア語で、香港に行った時は広東語でできるよう事前に準備しました。

おかげで、非常に限られた会話力ですが、現地で現地語を喋ると現地の人達との意思疎通を図ることが容易にできたのを憶えています。これはもしかすると胃袋論の延長上にある話かもしれませんね。

私は海外駐在の経験はありません。ですが、これからの時代、グローバルビジネスを避けて通ることはできませんし、そのことを前提に考えた場合、人間性が大事だと思います。すごく曖昧ですが、人間性とは知性とか品格を感じさせられるかどうか、にあると思います。

人間性に関連して私が大事にしていることがあります。それは神を信じる心です。私は神様に会ったことはないですが、神の存在を何か感じています。

一方で、特定の宗教に属することは避けています。それは特定の宗教を深く信じている人は異教徒を人間でないと考え、殺すことも平気でします。それって理解できないです。私はキリスト教徒でも、イスラム教徒でも、仏教徒でもありませんが、深く神を信じる人間だと思っています。そうした柔軟な考え方がこれからは大事だと思っています。

ありがとう。みなさんの意見を集約すると真のグローバルプレイヤーの形が見えてきたような気がします。
では、次の話題に進みますが、グローバルプレイヤーがコミュニケーション能力以外で身につけるべき能力・知識は何だと思いますか？

その前にケーキを食べましょうよ！　杜さんご所望のモンブランですよ！

それは嬉しいねぇ。ところで、口の中にモンブランの甘みが残っている間に私が持ってきた日本酒を口に含んでみてください（笑）。

いただきます。あっ、この日本酒、本当にケーキに合いますね！

そうでしょう。この日本酒は来福酒造の愛山という銘柄です。フルーティな味なので、ケーキとのマリアージュが良いのです。この日本酒はツルバラの花酵母を使用しているので独特なフルーティな味になっています。

では、先ほどの質問に戻りましょう。グローバルプレイヤーがコミュニケーション能力以外で身につける能力・知識は何か――。

やはり、どの国に行っても仕事を遂行できる能力だと思います。具体的にはＰｌａｎ（計画）→Ｄｏ（実行）→Ｃｈｅｃｋ（評価）→Ａｃｔ（改善）の４段階（ＰＤＣＡ）のプロセスを通じて仕事を遂行する能力だと思います。それとビジネスですから各プロセスにおいて出てくる数値を理解する能力も必要です。

さすが才媛の長尾君！　言うことにまとまりがあるね。

数値の話が出たので会計と税務についてグローバルな観点から話をしますと、会計にはＩＦＲＳ（国際会計基準）のようなグローバルな基準があります。適正な経営成績、財政状態を知るには同じ基準で数値が算定されることが大事ですから、会計ではグローバルに通用する基準があるわけです。

一方、税務においてＩＦＲＳのような国際的基準はありません。税金は国の歳入の原資ですので、極端に言えば、国際的に協調することは自国の利益になりません。ですから、税務において

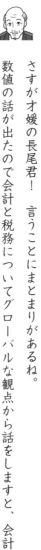

インターナショナル法人税とかインターナショナル所得税は必要とされません。グローバルプレイヤーは、この違いを理解する必要があります。

つまり会計は協調で、税務は非協調がグローバルの流れということですか。

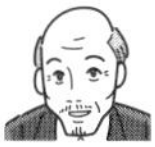

大筋ではそのとおりです。なお、税務の分野でも情報共有の動きは出てきています。しかし、税金の取り分に関しては相変わらず非協調ですね。

＊＊＊

日本酒とケーキとのマリアージュを楽しんでいた北大路が口を挟んできた。

杜先生からの差し入れの愛山ですが、リンゴの風味も感じます！　リンゴのエキスも入っていませんか？

確かにリンゴの風味がしますが、リンゴのエキスが入っているわけではないそうです。想像ですが、おそらく、リンゴの風味を出す花酵母を探したんでしょう。

さて、茶話会の本題に戻りましょう。これまで、折に触れてあなた方からの連絡があり、そして税金の話をしてきましたが、今、あなた方が関心のある税務問題は何でしょうか？

私はやはり移転価格の課税リスクに関心があります。もし、移転価格が問題にされたらどのような対応を取ればよいのかについて、少し調べたいと思っています。

自分は税務リスクと税務コストに関心があります。ある取引から発生する税務リスクを取れば当面の税務コストは安く済みます。税務リスクを取らない立場を取れば、税務コストは高くなるんですよね？　では、リスクはどの程度取ればよいのか――。その答えが未だによくわかりません。

私は究極の節税対策に興味があります。租税法律主義の観点から考えると、合法的である限り、行き過ぎた節税対策ってあるのでしょうか？

究極の節税対策が認められないとすると、租税法律主義課税から裁量主義課税になってしまいます。課税当局の裁量によって課税されるのは厳に慎まなければならないはずです……。

なかなか鋭い点を問題視していますね。みなさんの考えを私なりにまとめると、次のようなところでしょうか。

- **あるべき移転価格の算定方法が明確でない**
- **税務リスクと税務コストの均衡点を検討する必要がある**
- **租税法律主義から裁量主義課税に軸足を移す税務行政に対する懸念**

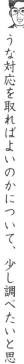

＊＊＊

楽しい時間はあっという間に過ぎていった。

今日は長尾君の音頭で茶話会となりましたが、非常に有意義な時間を持つことができました。これからも茶話会を定期的に開催をしたいですね。

そうですね。みなさま今日は集まっていただきありがとうございました。最後に、一つお伝えしたいことがあります。この度、私は今の会社を退職して、別の会社に移ることになりました。

えぇっ!!

どこに移るんだ?

執行役員としてある会社にヘッドハントされたの！　それは……、北大路君、柴田君の会社です！　これから私は北大路君、柴田君の上司になります！

柴田、北大路はびっくりして顔を見合わせた。そして、しばしの沈黙のあと……

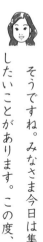

長尾君おめでとう！　将来の社長候補三名が私の弟子とは嬉しいねえ。よし、銀座で飲み直そう！

おわり

【著者紹介】

村田　守弘（むらた　もりひろ）

公認会計士・税理士

1969年，慶應義塾大学経済学部卒業
1970年，アーサーヤング東京事務所に入所
1999年，アーサーアンダーセン税務事務所代表に就任。KPMG税理士法人代表社員を経て，2006年に村田守弘会計事務所開設

2006～2008年まで公認会計士試験の試験委員を務める
2008年，青山学院大学大学院会計プロフェッション研究科客員教授
2012～2016年まで早稲田大学大学院ファイナンス研究科兼任教員
2015～2017年までCFO協会国際税務部会，座長

長年にわたり国際税務，移転価格，事前承認の分野において多国籍企業への税務コンサルティング業務に関与。さらに企業の税務争訟に注視し，幅広く税制，税務問題に取り組んでいる。

Tax Literacy

ストーリーでわかるグローバルビジネス・スキル

2020年8月10日　第1版第1刷発行

著　者　村　田　守　弘
発行者　山　本　継
発行所　㈱　中　央　経　済　社
発売元　㈱中央経済グループパブリッシング

〒101-0051　東京都千代田区神田神保町1-31-2
電　話　03(3293)3371(編集代表)
03(3293)3381(営業代表)
http://www.chuokeizai.co.jp/
製　版／㈲イー・アール・シー
印　刷／三　英　印　刷　㈱
製　本／㈲井上製本所

ISBN 978-4-502-35221-8　C3034